The Threefold Nature *of* Man

Kenneth E. Hagin

인간의
세 가지 본성

케네스 해긴 지음 | 김진호 옮김

믿음의말씀사

인간의 세 가지 본성

1판 1쇄 발행일 · 2000년 9월 20일
2판 4쇄 발행일 · 2020년 3월 3일

지은이 케네스 해긴
옮긴이 김진호
발행인 최순애
발행처 믿음의말씀사
2000. 8. 14 등록 제 68호
우) 16934 경기도 용인시 기흥구 신정로 301번길 59
TEL. 031)8005-5483 FAX. 031)8005-5485
http://faithbook.kr

ISBN 89-951673-3-5 03230
값 7,000원

본 저작물의 한국어판 저작권은 케네스 해긴 목사님을 통해
FAITH LIBRARY와의 독점 협약으로 믿음의말씀사가 소유합니다.
저작권법에 의해 한국 내에서 보호를 받는 저작물이므로 무단 전재와 복제를 금합니다.

| 목차 |

역자 서문 _ 6

1부 **인간의 세 가지 본성**
    01 인간의 세 가지 본성 _ 11
    02 인간의 첫 번째 차원 – 영 _ 17
    03 인간의 두 번째 차원 – 혼 _ 25
    04 인간의 세 번째 차원 – 몸 _ 29
    05 속 사람 안에 있는 성령님 _ 35
    06 질문과 대답 _ 53

2부 **사람의 영**
    01 당신의 영을 개발하는 법 _ 65
    02 하나님의 말씀을 묵상하라 _ 77
    03 하나님의 말씀을 실천하라 _ 89
    04 하나님의 말씀을 가장 중요하게 여기십시오 _ 95
    05 당신의 영의 음성에 순종하십시오 _ 107

부록 _ 113

| 역자 서문 |

하나님의 나라는 거듭난 사람만이 볼 수 있으며 보는 사람만이 들어갈 수 있습니다. 예수님은 이 하나님의 나라에 들어가도록 하기 위해 우리를 하나님의 자녀로 위로부터, 다시 태어날 수 있도록 속량하셨습니다. 이 속량의 기쁜 소식을 듣고 마음으로 믿고 입으로 시인함으로써 누구든지 위로부터, 다시 태어날 수 있습니다. 이렇게 거듭나는 새로운 탄생은 먼저 하나님과 분리 되었던 사람의 영을 살려줍니다. 이 순간부터 거듭난 사람의 영은 하나님의 등불 역할을 하게 됩니다(잠 20:27).

이 등불이 밝으면 그 사람은 영적인 것을 밝히 보며 분별할 수 있으며 이 등불이 희미해지면 영적인 것과 혼적인 것, 즉 육신적인 것을 잘 구별하지 못하게 됩니다. 그러므로 이 영을 세우는 일이 바로 거듭난 그리스도인들이 가장 먼저 힘써야 할 부분입니다. 우리의 혼 중에도 특히 지성을 개발하기 위해, 지식을 시험하는 수험 공부에 엄청난 교육비를 들이는 나라에 우리는 살고 있습니다. 그러나 이런 정보와 지식보다도 그 사람이 속한 어떤 공동체에서 공헌하고 훌륭한 리더가 되는 데는 사람의 필요를 파악하고 사랑하며 동기를 부여하고 좋은 인간관계를 맺는 기술이 더욱 필요합니다. 지식만이 아니라 감성과 의지가 개발되어야 한다는 말입니다.

그러나 이 사람이 하나님의 부르심을 따라 스스로 만족하고 보람된 후회 없는 삶을 사느냐 하는 것은 또 다른 문제입니다. 하나님의 나라의 가족으로 태어난 그리스도인은 하나님 나라의 원리와 가치관을 따라 살 뿐 아니라 우리가 살고 있는 이 세상에서 하나님의 뜻을 따라 살도록 해야 합니다. 하나님의 뜻을 따라 살기 위해서 우리는 하나님의 영으로 인도받는 법을 배워야 하는데 이런 일은 모두 거듭난 영의 개발을 통해서만 가능한 것입니다. 해긴 목사님은 이 책을 통해서 너무나 성경적인, 실제적이고 확실한 거듭난 영을 개발하는 법을 설명하고 있습니다.

이런 가장 중요하고 실제적이고 절실히 필요한 일보다, 성경을 학문적으로 도덕적으로 지식적으로 연구하기에 힘쓰고 또 그것을 사역자로서 가장 중요하게 여기는 일은 사람의 성품을 개발하고 부르심의 사명을 찾는 일보다 지식만을 최우선으로 추구하는 세상 교육의 잘못된 길을 그리스도인들도 따르는 것입니다. 거듭나는 순간부터 영으로 기도하므로 거룩한 믿음 위에 자신을 세우며(유다서 20), 갓난아이가 젖을 사모하듯이 영의 양식인 하나님의 말씀을 묵상하도록 하고, 그 말씀대로 실천하도록 하는 훈련이야말로 그리스도인의 영적 성장과 훈련의 기본이 되어야 할 것입니다.

이런 훈련은 하지 않고 교회에 열심히 다니며, 사람의 말을 잘 듣고, 사람이 시키는 것을 잘 순종하는 소위 "착한 그리스도인"이 된다면 마귀의 종이었던 사람이 그리스도 안에서 자유를 얻은 후에 다시 새로운 율법과 사람의 종이 되는 것입니다. 우리는 스스로 자기 영을 개발하고 훈련하여 진실하고 충성된 하나님의 종이 되어, 하나님의 일을 위해 마음을 새롭게 하여 하나님 나라의 가치관을 따라 살며, 몸을 하나님이 기뻐하시는 일에 드림으로써 거룩한 산 제물로 드리는 주님이 받으시기에 합당한 삶을 살아야 할 것입니다.

2006년 가을 탄천이 보이는 나의 "골방"에서

김진호 목사
그리스도의 대사들 서울/용인교회 담임
예수선교 사관학교장

제 1 부

인간의 세 가지 본성
(The Threefold Nature of Man)

01

인간의 세 가지 본성

　인간의 세 가지 본성 - 영spirit, 혼soul, 몸body - 에 대한 연구는 언제나 저에게 흥미를 줍니다. 저는 그 세 가지 사이의 차이를 배우기 위해 진지하게 탐구해 왔습니다. 몸body과 다른 두 가지를 구별하는 것은 쉽습니다. 그러나 영spirit과 혼soul을 구별하는 것은 어려운 일입니다. 오직 성경만을 통하여 구별할 수 있는 것입니다. 이 주제에 대한 오해가 많이 있습니다. 목사들 조차도 많은 오해들을 가지고 이 주제에 대하여 가르쳐 왔습니다.

　수년 동안 저는 이 분야의 진리를 찾아내려고 다양한 신학교에서 인간에 대한 연구에 사용되는 책들을 공부했습니다. 저는 순복음 성경학교Full Gospel Bible School에서 가르치는 책들을 공부했습니다. 제가 이전에 소속되었던 교파에서 사용되던 책들도 가지고 있었습니다. 그러나 저는 이 모든 것들로부터 만족스러운 결과를 거의 찾지 못했습니다. 그것들은 모두 성경이 아닌 개인의 가르침에 기반을 두었기 때문이었습니다.

저는 순복음권의 가장 유능한 교사 몇 명과 얘기했습니다. 또한 신학박사 학위를 가진 사람들과도 얘기했습니다. 그들 대부분이 영spirit, 혼soul, 몸body에 관하여 얼마나 아는 것이 없는지 놀라울 뿐이었습니다.

어떤 사람은 제게 "난 언제나 영spirit과 혼soul이 같은 것이라고 가르쳤습니다. 그렇게 설교해 왔지요."라고 말했습니다. 그러나 저는 그 둘이 같을 수 없다고 그들에게 지적했습니다. 그렇지 않고는 어째서 성경에서 "하나님의 말씀은 살았고 운동력이 있어 좌우에 날선 어떤 검보다도 예리하여 혼soul과 영spirit과 및 관절과 골수를 찔러 쪼개기까지 하며…"(히 4:12)라고 말하고 있습니까? 만약 그 둘이 같은 것이라면 바울은 "… 또 너희 온 영spirit과 혼soul과 몸body이 우리 주 예수 그리스도께서 강림하실 때에 흠 없게 보전되기를 원하노라"(살전 5:23)라고 말하지 않았을 것입니다.

영과 혼이 같은 것이라는 말은 성경적으로 몸과 혼이 같다고 얘기하는 것과 마찬가지입니다. 그러나 실제로 그 세 가지는 구별된 것입니다.

오랜 기간의 기도와 연구 후에 저는 이 점에서 인간의 세 차원에 대한 결론에 도달했습니다. 논쟁의 여지 없이, 우리가 몸을 통해 세상과 접한다는 것을 알았습니다. 몸은 물리적 영역을 다룹니다. 아무도 거기에 반대하지는 않을 것입니다. 그러면 제가 연구한 바, 하나님과 접하는 것은 영이라고 보는데, 이는 하나님은 영이시기 때문입니다. 오직 영만이 영과 접할 수 있습니다. 새롭게 태어남은 사람의 영the human spirit이 거듭나는 것인데, 이는 예수님이 니고데모에게 "…거듭나야 하겠다"(요 3:7)라고 말씀하셨기 때문입니다. 니고네모는 자연인이라, 자연적으로 생각할 수 밖에 없어서, "…사람이 늙으면 어떻게 날 수 있삽나이까 두 번째 모태에 들어갔다가 날 수 있삽나이까"(4절)라고 물었습니다. 예수께서는 "육the flesh으로 난 것은 육flesh이요, 성령the Spirit으로 난 것은 영spirit이니" (6절) 라고 대답했습니다.

저는 신약 전체를 통틀어 바울과 다른 사도들이 이에 대해 어떻게 얘기하고 있는지 살펴보기로 했습니다. 저는 로마서 2장 28-29절에서 바울이 "무릇 표면적 유대인이 유대인이 아니요 표면적 육신의 할례가 할례가 아니니라 오직 이면적 유대인이 유대인이며 할례는 마음 καρδιας, heart에 할찌니 영에 있고 율법 조문에 있지 아니한 것이라 그 칭찬이 사람에게서가 아니요 다만 하나님에게서니라"라고 말한 것을 발견

했습니다. 바울은 여기서 영the spirit은1) 심령heart이라고 말합니다.

고린도전서 14장 14절에서는 "내가 만일 방언으로 기도하면 나의 영이 기도하거니와 나의 마음νους, mind은 열매를 맺히지 못하리라"라고 되어 있고, 확대 번역 성경에서는 내 영(내 안의 성령으로 인해)이 기도하면…"이라고 되어 있습니다.

바울은 18절에서 "내가 너희 모든 사람보다 방언을 더 말하므로 하나님께 감사하노라"라고 말했습니다. 바울은 "내 영"이란 말과 "나"라는 말을 같은 뜻으로 사용했습니다.

우리가 몸을 통해 물질적 세계를 접하고, 영을 통해 영적 세계를 접하는 것을 보았으므로, 이제 혼soul에 대해 파악하는 것만 남았습니다. 몸은 물질적 세계를 대하고 영은 영적 세계를 대합니다. 인간이 관계된 분야 중에 마지막으로 남은 것은 정신 세계the mental realm입니다. 물론 이것은 극도로 단순화시킨 말입니다. 우리는 이 주제의 연구를 진행해가면서 더 깊이 파고들 것입니다. 그러나 여기 첫 장에서는 단지 기초만 놓는 것입니다.

---

1) 역자주 : καρδια, ἡ는 영어성경에는 거의 heart로 번역되었으나, 한글로는 심장, 중심, 마음 중에 대부분 '마음'으로 번역했습니다. 그러나 본서에서는 영과 혼을 분리된 개념으로 보기 때문에 혼, 즉 마음, 정신, 지성과 별도로 '영'의 개념이 더 강한 '심령'으로 번역했습니다.

간단히, 인간의 세 가지 본질은 :

(1) 영 - 영적 영역the spiritual realm을 다루는 인간의 차원. 하나님을 아는 인간의 부분the part of man.

(2) 혼 - 정신 영역을 다루는 인간의 차원. 지성intellect, 감성 sensibilities과 의지will. 논증하고reason 생각think하는 부분.

(3) 몸 - 물리 영역을 다루는 인간의 차원. 우리가 사는 집.

저는 여러분이 여러분 스스로에 대해 새로운 관점으로 생각하기를 시작하기 원합니다. 당신 자신을, 혼a soul을 가지고 있고 몸a body 안에 사는 영a spirit으로 생각하십시오.

02

인간의 첫 번째 차원 - 영

사람은 혼을 가지고 있고 몸 안에 사는 영적 존재입니다. 사람의 영은 하나님을 아는 부분입니다. 사람은 하나님과 같은 부류인데, 이는 하나님께서 영이시고 하나님이 사람으로 당신과 교제하도록 만드셨기 때문입니다.

하나님은 당신의 즐거움을 위해 사람을 만드셨습니다. 사람은 동물과 같은 부류가 아닙니다. 하나님과 교제하기 위해 사람은 하나님과 같은 부류이어야 합니다. 그러므로 하나님이 영이시듯 인간도 영입니다.

설명하기 위해 질문을 해봅시다.

당신은 늙은 암소와 교제하려고 시도해 본 적이 있습니까? 우리는 암소와 교제할 수 없습니다. 왜냐하면, 그들은 우리와 다른 세계, 다른 부류에 속해 있기 때문입니다. 그러나 우리는 서로 교제할 수 있고, 하나님과 교제할 수 있습니다. 그 이유는 우리가 같은 형태로 존재하고 있기 때문입니다.

예수님은 사마리아 우물가 여인에게 말했습니다. "하나님은 영이시니 예배하는 자가 영과 진리로 예배할지니라"(요 4:24) 우리는 하나님을 논리적으로 알거나 만질 수는 없습니다. 그 분은 사람이 아닙니다. 그 분은 영이십니다. 우리는 하나님과 정신적으로는 소통할 수 없는데, 이는 그 분은 영이시기 때문입니다. 그러나 우리는 영으로서 그 분께 다가갈 수 있고, 우리가 하나님을 알게 되는 것은 우리의 영을 통해서입니다.

그런 까닭으로 우리는 하나님이 영이심을 압니다. 그럼에도 불구하고, 영이신 하나님께서 인간의 몸을 입으셨습니다 took upon Himself a man's body. 예수님은 육신으로 in the flesh 드러내신 하나님입니다. "태초에 말씀이 계시니라 이 말씀이 하나님과 함께 계셨으니 이 말씀은 곧 하나님이시니라 그가 태초에 하나님과 함께 계셨고 만물이 그로 말미암아 지은 바 되었으니 지은 것이 하나도 그가 없이는 된 것이 없느니라 … 말씀이 육신이 되어 우리 가운데 거하시매…"(요 1:1-3, 14)

하나님께서 인간의 모습으로 자신을 드러내셨을 때에도, 그 분은 몸을 갖지 않았을 때와 마찬가지로 하나님이셨습니다. 사람은 육체적 죽음에서 그의 몸을 떠납니다. 그러나 그는 몸을 가졌을 때와 마찬가지로 사람인 것입니다. 우리는 죽음에 이른 나사로와 부자에 대한 그리스도의 설명에서 이를 볼 수 있습니다(눅 16:19-31).

데살로니가 교회에게 보낸 바울의 서신서에서, 우리는 인간의 세 가지 본질에 대해 언뜻 보게 됩니다. "평강의 하나님이 친히 너희를 온전히 거룩하게 하시고 또 너희의 온 영과 혼과 몸이 우리 주 예수 그리스도께서 강림하실 때에 흠 없게 보전되기를 원하노라"(살전 5:23)

다른 성경 번역에서 이 구절은 "너희의 온 영과 혼과 몸이 우리 주 예수 그리스도께서 강림하실 때에 전체가entire 흠 없게 보전되기를 기도하노라"라고 되어 있습니다. 사람의 이 세 가지 본질은 주께서 오실 때에 "전체"가 흠없이 보전될 것입니다. 그 날은 굉장한 날이 될 것인데, 이는 주께서 오실 때는 이 전체 사람 - 영, 혼, 몸 - 이 보전될 것이기 때문입니다.

우리는 새 영을 갖고 있는데, 이는 우리의 영이 하나님께로부터 났기 때문입니다. 그리고 우리는 "주 예수 그리스도께서 오실 그 때" 새 육신을 갖게 될 것입니다.

구약의 여러 선지자들은 하나님께서 이스라엘의 집에 새 언약을 세우실 것을 예언했습니다. 이 새 언약은 우리가 알고 있는 대로 신약입니다. 에스겔 선지자를 통해 하나님께서는 말씀하셨습니다. "또 새 영을 너희 속에 두고 새 마음heart을 너희에게 주되 너희 육신flesh에서 굳은 마음heart을 제거하고 부드러운 마음an heart of flesh을 줄 것이며 또 내 영을 너희 속에 두어 너희로 내 율례를 행하게 하리니 너희가 내 규례를 지켜 행할지라"(겔 36:26-27)

에스겔은 새로운 탄생the new birth에 대해 예언하고 있었습니다. 사람이 거듭날 때에는 영(진정한 사람)이 다시 태어나고 옛 사람은 없어집니다. 과거의 딱딱하고 단단한 심령heart은 사라지는 것입니다. 바울이 고린도후서 5장 17절에서 말한 바와 같이 그는 새로운 피조물인 것입니다. "그런즉 누구든지 그리스도 안에 있으면 새로운 피조물이라 이전 것은 지나갔으니 보라 새 것이 되었도다."

"심령heart"과 "영spirit"은 성경에서 같은 뜻으로 사용됩니다. 당신의 심령heart은 당신의 영입니다. 우리가 앞서 인용했던 데살로니가전서 5장 23절의 말씀은 단순히 "마음을 다해"가 아니라 "영과 혼과 몸 전체로"라는 것을 주목하십시오.

사람의 영에 관해 말할 때, 베드로는 "마음에 숨은 사람 hidden man of the heart"에 대해 얘기합니다. 그는 단순히 외면적인 꾸밈에 관한 얘기를 한 것이 아니라 "오직 마음에 숨은 사람을 온유하고 안정한 심령의 썩지 아니할 것으로 하라 이는 하나님 앞에 값진 것이니라"(벧전 3:4)라고 했습니다. 이것이 진정한 사람입니다. 그것은 겉 사람, 즉 살과 뼈로 된 사람이 아닙니다. 곧 몸이 아니라는 말입니다. 그것은 속 사람을 말하는 것입니다.

바울은 이 "마음에 숨은 사람" - 사람의 영 - 을 가리켜 속 사람이라고 말했습니다. "…겉 사람은 낡아지나(다른 번역에서는 '썩어 가나') 우리의 속은 날로 새로워지도다"(고후 4:16) 겉 사람 또는 몸은 늙어가고 쇠잔해져 가는데, 이는 마치 우리가 사는 집이 쇠락해 가면서 지속적인 유지와 보수가 필요한 것과 마찬가지입니다. 그러나 진정한 당신은 늙지 않는데, 왜냐하면 바울이 말한 것처럼 우리의 속은 날로 새로워지기 때문입니다.

나는 결코 지금의 나보다 조금도 더 늙지 않을 것입니다. 나는 몇 년 전의 나보다 더 늙지 않았습니다. 나는 그 때보다 더 많이 알고 있지만, 조금도 더 늙지 않았습니다. 내 머리카락이 희어지고 주름이 좀 더 많아질지는 모르지만 진정한 나는 결코 늙지 않을 것입니다. 속 사람은 날마다 새로워지기 때문입니다.

바울은 계속 말합니다. "우리가 잠시 받는 환난의 경한 것이 지극히 크고 영원한 영광의 중한 것을 우리에게 이루게 함이니 우리가 주목하는 것은 보이는 것이 아니요 보이지 않는 것이니 보이는 것은 잠깐이요 보이지 않는 것은 영원함이라"(고후 4:17-18) 자연적인 관점에서 볼 때 당신은 당신의 삶을 끔찍하게 만드는 어떤 시련을 겪고 있을 수도 있습니다. 그러나 기억하십시오. 그건 잠시일 뿐입니다. 왜냐하면 우리는 순간이 아니라 영원히 지속될 훨씬 더 놀라운 것들을 바라보기 때문입니다.

"우리가 주목하는 것은 보이는 것이 아니요 보이지 않는 것이니 보이는 것은 잠깐이요 보이지 않는 것은 영원함이라" 겉 사람은 눈에 보이지만, 속 사람은 감춰진 보이지 않는 사람입니다. 너무도 많은 사람들이 틀린 것들을 바라보기 때문에 삶에서 실패합니다. 그들이 보는 모든 것들은 물질적인 것들입니다. 스미스 위글스워스는 "나는 내가 보는 것에 의해 동요되지 않는다. 나는 내가 느끼는 것에 의해 동요되지 않는다. 나는 오직 내가 믿는 것에 의해서만 움직인다."라고 말했습니다. 우리가 보이지 않는 것을 바라볼 수 있는 유일한 길은 믿음 뿐입니다.

다음 장의 첫 번째 절은 여기서 바울이 말한 것의 연장입니다. 바울이 이 서신서를 썼을 때는 고린도 교회에 보내는 하나의 긴 편지였습니다. 사람들이 보기 쉽게 장으로 나눈 것입니다. 보이지 않는 것들에 대해, 그리고 속 사람에 대해 얘기하면서, 바울은 "만일 땅에 있는 우리의 장막 집이 무너지면 하나님께서 지으신 집 곧 손으로 지은 것이 아니요 하늘에 있는 영원한 집이 우리에게 있는 줄 아느니라"(고후 5:1)라고 말합니다.

바울이 여기서 얘기한 "이 땅의 집"은 물론 우리의 몸을 말합니다. 바울은 만약 우리의 몸이 "무너져도", 즉 죽고 무덤에 묻혀 썩어져 흙으로 돌아가도 끝이 아니라고 말합니다. "…하나님께서 지으신 집 곧 손으로 지은 것이 아니요 하늘에 있는 영원한 집이 우리에게 있는 줄 아나니…" 그는 사람의 영, 속 사람에 대해 말하는데, 이는 영원합니다.

바울은 같은 장에서 이 주제를 계속 다룹니다. "그러므로 우리가 항상 담대하여 몸에 있을 때에는 주와 따로 있는 줄을 아노니 이는 우리가 믿음으로 행하고 보는 것으로 행하지 아니함이로라 우리가 담대하여 원하는 바는 차라리 몸을 떠나 주와 함께 있는 그것이라"(고후 5:6-8) 6절에서 바울은 "우리가 언제나 확신한다"라고 말하고 또 8절에서 다시 "확신한다"라고 말합니다. 바울은 그가 말하는게 무엇인지 알고 있었습니다. 그는 "우리(속 사람)가 몸에 거할 때에는 주와 따로 거한다"고 확신했습니다. 그러나 우리(속 사람, 진정한 사람)가 "몸을 떠나"면 우리는 "주와 함께" 거하는 것입니다.

우리는 자연적인, 물질적인 세계에 살기 때문에 영적 세계가 자연 세계보다 훨씬 더 실제적이라는 것을 깨닫기 어렵습니다. 우리는 사람들을 단지 몸에 거하는 존재로만 생각합니다. 그리고 그들이 죽었을 때에 그들은 더 이상 존재하지 않는다고 생각합니다.

반면, 성경 말씀은 우리에게 진정한 사람은 속 사람이고, 마음에 숨은 사람이며, 그는 영원한 존재라고 말합니다. 그는 그의 "이 땅의 집"이 흙으로 돌아간 후에도 오래도록 살 것입니다.

03

인간의 두 번째 차원 – 혼

　우리는 이제 인간의 세 가지 본성의 두 번째 부분인 혼에 대해 더 자세히 살펴 보겠습니다. 전에 말했듯이, 혼soul은 지성intellect입니다. 그것은 감성sensibility이며 의지will입니다. 그것은 사람이 이성적으로 사고하고reasons 생각하는thinks 부분입니다. 그것은 정신적인 영역the mental realm을 다룹니다.

　로마서 12장 1절의 바울의 가르침에서 우리가 몸을 가지고 해야 할 일들을 볼 수 있습니다. "… 너희 몸을 하나님이 기뻐하시는 거룩한 산 제사로 드리라 이는 너희가 드릴 영적 예배니라." 바로 다음 절에서 바울은 마음mind, 즉 사람의 지성intellect 또는 혼soul에 대해 계속 말합니다. 그는 마음mind으로도 해야 할 것이 있다고 합니다. "너희는 이 세대를 본받지 말고 오직 마음mind을 새롭게 함으로 변화를 받아 하나님의

선하시고 기뻐하시고 온전하신 뜻이 무엇인지 분별하도록 하라"(2절)

바울은 믿는 자들에게 이 글을 쓰고 있습니다. 그는 세상 사람들에게가 아닌, 거듭나고 성령 충만한 그리스도인들에게 쓰고 있는 것입니다. 그러나 그리스도인으로서 그들의 체험은 육체와 정신에는 영향을 미치지 못해 왔습니다. 바울은 그리스도인이 되는 것은 몸과 마음에도 변화가 있어야 한다고 그들에게 말했습니다.

하나님은 우리의 몸이나 마음에는 아무 일도 하지 않으실 것입니다. 하나님은 우리의 영과 접촉하셨습니다. 우리는 우리의 영으로 하나님을 만났고, 우리의 영(속 사람, 마음의 숨은 사람)은 그리스도 안에서 새 사람이 되었습니다. 이제 무언가를 행하는 것은 우리에게 달려 있습니다.

바울은 우리가 해야 할 것을 말합니다. (1) 몸을 가지고 할 일 - "몸을 산 제사로 드려라" 그리고 (2) 마음mind을 가지고 할 일 - "새롭게 함으로 변화"를 받아라.

오늘날 교회에 요구되는 가장 큰 것 중의 하나는 하나님의 사람들이 하나님의 말씀으로 그들의 마음mind을 다시 새롭게 하는 것입니다.

단지 그 사람이 그리스도인이라는 이유로, 또는 성령 충만하다는 이유로 그 사람이 다시 새로워진 마음mind을 가질 수는 없습니다. 마음mind은 하나님의 말씀으로 다시 새롭게 됩니다.

이것은 하나님께서 교회에 교사를(진정으로 가르침을 위해 부르신 사람들) 두신 이유 중의 하나인데, 즉 우리의 마음mind을 다시 새롭게 하기 위함입니다. 가르치는 사람들은 많은 경우 성경이나 다른 근거에서 얻은 자연 지식만으로 가르칩니다. 그러나 나는 여기서, 주어진 사역 중의 하나인 가르침을 위해 성령으로 부르심을 받고 기름부음 받은 분들께 부탁드립니다.

하나님은 그의 말씀을 주셨고, 우리는 그 말씀으로 양육할 수 있습니다. 이것이 우리의 마음mind을 다시 새롭게 할 것입니다. 그 분은 또한 마음mind을 새롭게 하고 우리에게 하나님의 말씀에 대한 지식의 계시를 주기 위해 교회에 교사들을 주셨습니다.

그러므로 우리의 마음mind은 두 가지 방법으로 새롭게 될 수 있습니다: (1) 우리의 개인적인 연구나 묵상을 통해 하나님의 말씀을 먹음. (2) 성령의 기름부음 받은 교사들에 의해 가르침을 받음. 이러한 방법으로 말씀의 힘과 지식에서 자라날 수 있으며, 하나님의 말씀으로 매일 마음mind을 새롭게 하여 빛 가운데 걸을 수 있습니다.

같은 맥락에서 전에 한 번 질문을 받은 적이 있는데, "해긴 형제, 어떻게 하면 제가 하나님의 말씀에 대해 지적 동의 이상의 믿음을 가질 수 있을까요?"

무엇보다 먼저, 우리는 진정한 믿음과 지적 동의mental assent 사이의 차이점을 이해해야 합니다. 지적 동의란 성경이 진리란 것을 인정하지만, 실제로 그 말씀대로 행하지는 않는 것을 말합니다. 진정한 믿음은 하나님의 말씀에 따라 행하는 것입니다. 지적 동의는 "나는 하나님의 말씀이 모두 옳다는 것을 압니다. 하나님이 어떤 것을 약속하셨고, 아마도 나는 그것을 가질 것이라는 것을 압니다."라고 말하는 것입니다.

믿음은 기도한 것을 이미 받은 것으로 보는 것입니다. 믿음은 눈으로 보이지 않더라도 "하나님이 말씀하셨고, 내가 믿고 나는 지금 가졌다."라고 말합니다. "믿음은 바라는 것들의 실상이요 보이지 않는 것들의 증거니"(히 11:1) 이 절의 다른 번역에서는 "믿음은 바라는 것들의 실상을 제공하는 것"이라고 되어 있습니다. 믿음은 바라는 것의 실상을 제공하고 우리는 믿음으로 "그것은 내 것입니다."라고 말할 수 있습니다.

04

인간의 세 번째 차원 – 몸

몸에 대해 성경에서 말하고 있는 것을 살펴봅시다. 말했던 대로, 사람의 영은 속 사람이고 하나님을 아는 부분입니다. 몸은 겉 사람이고 물질적이며, 우리가 사는 집입니다.

"그러므로 형제들아 내가 하나님의 모든 자비하심으로 너희를 권하노니 너희 몸을 하나님이 기뻐하시는 거룩한 산 제사로 드리라 이는 너희가 드릴 영적 예배니라"(롬 12:1) 이 글은 바울이 죄인들을 향하여 썼던 글이 아닙니다. 그는 로마의 성도들에게 쓴 것인데, 이는 "…형제들에게"라고 했기 때문입니다. 그는 편지에 "로마에서 하나님의 사랑하심을 받고 성도로 부르심을 받은 모든 자에게…"(롬 1:7)라고 썼습니다. 그는 우리가 우리의 몸으로 해야 할 것을 우리에게 말했습니다. "너희 몸을 하나님이 기뻐하시는 거룩한 산 제사로

드리라" 그것은 우리에게 달린 것입니다. 만약 우리가 몸에
대해 아무 것도 하지 않는다면, 우리의 몸에는 아무 일도 일어
나지 않을 것입니다.

바울이 하나님께 당신 자신을 드리라고 말한 것이 아님을
또한 주목하십시오. 만약 당신이 하나님의 자녀라면, 당신은
이미 그 분께 속한 것입니다. 당신은 어떤 사람에게 이미 속한
것을 그 사람에게 바칠 수는 없습니다. 그것은 이미 그 사람의
것입니다. 마찬가지로 이미 하나님께 속한 어떤 것을 그 분께
다시 드릴 수는 없습니다. 그것은 이미 그 분의 것입니다.

바울은 "…너의(속 사람) 몸을(이 땅에서 사는 집)…"이라고
했습니다. 하나님이 아닌 우리가 그 집의 관리자입니다. 우리
자신은 우리의 몸을 "산 제사, 거룩하고 하나님께서 받으실
만한 즉 온전한 예배"로 드려야 합니다. 저는 "영의 예배"라는
다른 번역을 좋아합니다.

"하지만 몸으로 행하는 것은 아무 관계가 없습니다. 어쨌든
아무리 해도 이 늙은 몸이 천국에 가지는 않을 것이니까요"
라고 말하는 사람들이 있습니다. 그러나 하나님께서는 우리의
몸으로 무엇을 하느냐에 따라서 큰 차이가 있습니다. 그 분은
성화된 몸을 원하십니다. 그 분은 우리가 우리의 몸을 "…산
제사 … 온전한 예배"로 드리길 원하십니다.

바울은 "그런즉 누구든지 그리스도 안에 있으면 새로운

피조물이라 이전 것은 지나갔으니 보라 새 것이 되었도다" (고후 5:17)라고 했습니다. 많은 교인들은 다른 사람들을 교회로 인도하려고 합니다. 보다 나은 행동을 원하며, 의롭고 바르게 살려고 애쓰기를 원합니다. 그러나 아시다시피 저는 한 번도 의롭게 살려고 애쓴 적이 없습니다. 저는 거듭났고, 그 때 이후로 저는 계속 의롭습니다.

의롭게 사는 것은 좋은 것입니다. 그러나 그것이 당신을 그리스도인으로 만들지는 않습니다. 당신이 차고에 앉아 있는다고 자동차가 될 수 없는 것과 마찬가지로, 주일 아침 당신이 교회에 앉아 있는다고 그리스도인이 될 수는 없습니다. 당신을 천국으로 데려갈 수도 없습니다. 오직 거듭나야만 하기 때문입니다.

당신 스스로의 힘으로 선해지려고 애쓰는 것은 기독교 신앙이 아니라 단지 종교일 뿐입니다. 기독교 신앙은 거듭나는 것입니다. 기독교 신앙은 영생의 선물을 받는 것입니다. 하나님의 본질이며 생명인 영생이 당신의 영에 주어졌을 때 그것은 당신을 변화시킵니다. 사람의 심령heart에 들어온 이 하나님의 생명은 이러한 속 사람(진정한 인간)을 새 사람으로 만듭니다. 우리는 우리 자신을 새롭게 만들 필요가 없습니다. 우리는 아무리 해도 못합니다. 그럼에도 불구하고 우리는 거듭났고 새 본성을 가진 새 사람입니다. 왜냐하면 바울이 말한 바와 같이 "…이전 것(우리의 옛 죄의 성질)은 지나갔으니 보라 새 것이 되었도다"라고 했기 때문입니다.

우리가 거듭난 후에도 우리는 여전히 육신의 문제를 가지고 있습니다. 그러나 우리의 참 인간에게는 더 이상 문제가 없을 것입니다. 어떤 사람들은 "당신은 옛 자아를 죽여야 한다"고 합니다. 그러나 우리가 거듭 났을 때, 옛 자아는 이미 죽었고 그 대신 새 자아를 가졌습니다. 우리에게 필요한 것은 우리의 육신을 죽이는 것입니다.

그러나 당신은 육신이 옛 자아라고 말할 수도 있습니다. 아닙니다. 당신의 육신은 구원받기 전과 같은 몸, 같은 육신입니다. 그러나 속 사람(옛 사람, 옛 자아였던)은 그리스도 안에서 새 사람, 새 자아로 변화됩니다. 이 속 사람이 새 사람이 되는 것입니다. 이럴 때, 이전 것은 지나갔으니 보라 새 것이 된 것입니다. 그는 그리스도 안에서 "새로운 피조물"입니다.

몸은 새 것이 아닙니다. 그러나 그리스도께서 오실 때 새 몸을 가질 것입니다. 지금 현재는 하나님께서 우리가 우리의 몸으로 무언가 하기를 기대하십니다. 곧 산 제사로 드리는 것입니다. 그 분은 우리가 우리의 몸을 조절하고 몸이 우리를 지배하지 않도록 하기를 바라십니다. 그 분은 우리가 육신적인 그리스도인이 되거나 금욕적인 그리스도인이 되기를 원하시는 것이 아닙니다. 그 분은 우리가 바울이 고린도전서 9장 27절에서 말한 대로 행하기를 원하십니다. "내가 내 몸을 쳐 복종하게 함은 내가 남에게 전파한 후에 자신이 도리어 버림을 당할까 두려워 함이로다."

여기서 바울은 또 다시 우리가 몸에 대해 무언가 해야 한다고 말합니다. 바울은 "내가 내 몸을 쳐 복종하게 한다"고 말합니다.

"나"는 누구입니까? "나"는 속 사람입니다. 만약 몸이 진정한 당신이라면 바울은 "내가 내 자신을 쳐 복종하게…"라고 말했을 것입니다. 하지만 그는 그렇게 말하지 않았습니다. 그는 "내가 내 몸을 쳐 복종하게…"라고 말했습니다. 그러므로 여기서 바울이 말하는 "나"는 진정한 사람, 속 사람, 마음에 숨은 사람, 영원한 사람입니다.

그러면 우리는 이렇게 질문할 수 있습니다. "무엇에 몸을 복종시킵니까?" 속 사람에게 입니다. 우리는 우리의 몸이 우리를 다스리도록 하지 않습니다. 우리가 몸을 지배합니다. 속 사람이 몸을 지배합니다.

그러나 대부분의 사람들은 그들의 몸이 그들을 다스립니다. 그리고 이것이 그들로 하여금 아기 그리스도인으로 머물게 합니다. 이것이 육신에 속한 그리스도인을 만듭니다. 고린도인에게 보내는 이 편지 앞 부분에서, 바울은 그들이 여전히 아기 그리스도인인 것을 훈계했습니다. 그 때 그는 "너희가 아직도 육신에 속한 자로다…"(고전 3:3)라고 했습니다. 다른 번역에서는 여기서 "육신에 속한"이라고 한 번역이, "몸이 지배하는"으로 번역되었습니다. 육신에 속한 그리스도인은 몸이 지배하는 그리스도인입니다. 그들은 몸이 그들을 지배하게 합니다. 바울은 "너희들이 사람을 따라 행한다"라고 합니다. 다른 말로 하면, 그들이 거듭나지 않은 사람처럼 행동하고 살고 있다는 말입니다. 그들은 그리스도 예수 안에서 승리의 삶을 사는 초자연적으로 변화된 사람 대신 이전 그대로의 사람으로 살고 있었습니다.

선택은 우리의 것입니다. 만약 우리가 원한다면 우리는 우리 몸이 계속 우리를 지배하도록 할 수 있습니다. 만약 우리가 그렇게 한다면, 몸은 해오던 대로 계속하기를 원할 것입니다. 아니면, 우리는 우리 몸을 우리의 통제하에 두기로 선택할 수도 있습니다. 우리 속 사람이 몸을 지배하고 산 제사로 하나님께 드릴 수 있습니다.

05

속 사람 안에 있는 성령님

이 인간의 세 가지 본질 중 하나님과 접촉하는 부분은 인간의 영입니다. 이것은 진정한 사람, 또는 사도들이 말했던 속 사람, 마음에 숨은 사람입니다. 영생을 받는 것은 사람의 영입니다. 우리는 언젠가 새 몸을 갖게 될 것이지만 바로 지금부터 새 삶을 가질 수 있습니다.

사람이 거듭났을 때, 영생은 그의 영, 즉 그의 속 사람에게 주어집니다. "죄의 삯은 사망이요 하나님의 은사는 그리스도 예수 우리 주 안에 있는 영생이니라"(롬 6:23) 영생은 하나님의 생명이며 본질입니다. 그것은 신의 생명입니다. 예수님께서 말씀하셨습니다. "아버지께서 자기 속에 생명이 있음 같이 아들에게도 생명을 주어 그 속에 있게 하셨고"(요 5:26) 예수님은 여기서 그 분, 즉 아들은 하나님 아버지가 가진 것과 같은 종류의 생명을 가졌다고 말씀하고 계십니다. 그리고 나서 요한복음 10장 10절에서 예수님께서 이렇게 말씀하신 것을 볼 수 있습니다. "도둑이 오는 것은 도둑질하고 죽이고 멸망시키려는 것뿐이요 내가 온 것은 양으로 생명을 얻게 하고 더 풍성히 얻게 하려는 것이라."

그러므로 우리의 영 안에 들어오시는 이 하나님의 생명이 그리스도 예수 안에서 우리의 영을 재창조하고 우리를 새 피조물로 만드는 하나님의 본질이며 생명인 것입니다.

하나님의 본질은 사랑입니다. 그러므로 사람이 거듭나면 하나님의 사랑으로 충만해질 것입니다. "너희가 서로 사랑하면 이로써 모든 사람이 너희가 내 제자인 줄 알리라"(요 13:35) "우리가 형제를 사랑함으로 사망에서 옮겨 생명으로 들어간 줄을 알거니와 사랑치 아니하는 자는 사망에 머물러 있느니라 그 형제를 미워하는 자마다 살인하는 자니 살인하는 자마다 영생이 그 속에 거하지 아니하는 것을 너희가 아는 바라"(요일 3:14-15) 요한은 여기서 만약 사람이 영적 죽음을 통해 예전의 삶에서 영원하고 풍성한 새로운 생명으로 옮겨졌다면 그는 사랑으로 충만할 것이라고 말하고 있습니다. 그가 만약 영생을 가졌다면, 그에게는 미움이 없을 것이고 그는 사랑을 가질 것입니다.

성령은 말씀을 통해 우리에게 영생을 주는 중재자이며, 말씀을 통해 회개하게 함으로 우리를 예수님께로 인도합니다.

그러면 우리는 우리가 하나님의 자녀라는 성령의 증거를 마음 속에 갖게 될 것입니다(롬 8:16).

성령께서 우리가 거듭나는데 중요한 역할을 하지만 성령을 받는 것은 이보다 더 많은 것이 있습니다. 그 후에 성령께서는 위로자, 돕는 자 그리고 안내자로 우리 안에 살게 되실 것입니다.

최근에 한 여인이 내게 말했습니다. 그녀는 사람이 구원받으므로 성령을 가졌지만 그것만이 전부라고 배워왔습니다. 그녀는 결코 회심했을 때 그 이상의 성령을 갖지 못할 것입니다.

전에 말했듯이 하나님의 자녀는 성령으로 거듭나고, 성령의 증거를 갖는 것이 사실입니다. 그러나 사도행전을 보면 사도들이 그 이상의 것을 가르치는 것을 보게 됩니다. 빌립은 사마리아로 가서 그리스도를 전파했습니다. 사람들은 빌립이 전한 예수와 하나님의 나라에 대한 소식을 듣고 물로 세례를 받았습니다.

"예루살렘에 있는 사도들이 사마리아도 하나님의 말씀을 받았다 함을 듣고 베드로와 요한을 보내매 그들이 내려가서 그들을 위하여 성령 받기를 기도하니 이는 아직 한 사람에게도 성령 내리신 일이 없고 오직 주 예수의 이름으로 세례만 받을 뿐이더라"(행 8:14-16)

베드로와 요한은 사마리아 사람들이 거듭나기를 기도한 것이 아니었습니다. 그들은 이미 그리스도를 주로 영접했고,

베드로가 말한 바와 같이 그들은 "하나님의 살아 있고 항상 있는 말씀으로"(벧전 1:23) 거듭난 것입니다.

우리는 베드로와 요한이 새롭게 믿은 사람들에게 안수했을 때, 저희가 성령을 받는 것을 보았습니다(행 8:17). 그러므로 우리는 여기서 성령 받는 것은 구원 이후에 오는 경험임을 보게 됩니다.

성령께서 우리 안에 들어와 거하실 때, 그 분은 우리의 머리가 아닌, 우리의 심령hearts에 거하시는 것입니다. 대부분의 경우, 우리의 머리는 우리가 이런 경험을 체험하는 것을 방해합니다. 왜냐하면 머리는 우리의 혀를 지배해 왔고, 생각이 우리의 혀를 성령께 양보하기를 원치 않기 때문입니다. 이런 이유로 어떤 사람들은 성령 받기 위해 애쓰고, 또 애쓰는 것입니다.

우리의 몸이 성령의 전이 되는 단 한 가지 이유는 우리의 몸이 우리 영의 전 또는 집이기 때문입니다. 그런 의미에서 성령께서 우리 몸 안에 거하시는 것입니다. 그러나 사실 성령께서는 우리 몸에 거하시는 것이 아닙니다. 성령께서는 우리의 영에 거하시는 것입니다. "…너희 안에 계신 이가 세상에 있는 이보다 크심이라"(요일 4:4) 스미스 위글스워스는 "나는 외면on the outside에서 보다 내면on the inside에서 천 배가 큽니다."라고 말했습니다.

"그들이 다 성령의 충만함을 받고 성령이 말하게 하심을 따라 다른 언어들로 말하기를 시작하니라"(행 2:4) 이 최초의 성령의 기름부으심에서 성경은 "저희가 … 다른 언어들로 말하기를 시작하니라"라고 말하고 있습니다. 그들은 "성령이 말하게 하심을 따라" 말했던 것입니다. 진정한 사람은 이런 속 사람이고, 우리가 방언을 할 때는 심령heart으로부터, 영으로부터, 속 사람으로부터 말하는 것입니다. 우리가 발성기관을 사용하기는 하지만, 그것은 몸이 말하는 것이 아닙니다. 우리의 생각도 아닙니다. 바울은 말합니다. "내가 만일 방언으로 기도하면 나의 영이 기도하거니와…"(고전 14:14)

예수께서 약속하신 성령에 대해 제자들에게 말씀하실 때 "…누구든지 목마르거든 내게로 와서 마시라 나를 믿는 자는 성경에 이름과 같이 그 배에서(다른 번역에서는 '그의 가장 깊은 곳에서') 생수의 강이 흘러나오리라 하시니 이는 그를 믿는 자들이 받을 성령을 가리켜 말씀하신 것이라(예수께서 아직 영광을 받지 않으셨으므로 성령이 아직 그들에게 계시지 아니하시더라)"(요 7:37-39)라고 하셨습니다. 예수께서는 그의 제자들에게 성령께서 그들의 가장 깊은 곳, 즉 그들의 영에 거하실 것이라고 말씀하고 있습니다.

그러므로 우리는 성령께서 우리의 머리 또는 마음mind 속에 계시지 않다는 것을 알 수 있습니다. 그 분은 우리의 심령heart 에 계십니다.

"하지만, 나는 그 분이 느껴지지 않아요. 아마도 그 분이 떠나셨나봐요."라고 말하는 사람이 있을지 모르겠습니다.

성령은 일단 한 번 오시면, 계속 계시는 분입니다. 왜냐하면, "내가 아버지께 구하겠으니 그가 또 다른 보혜사를 너희에게 주사 영원토록 너희와 함께 있게 하리니"(요 14:16)라고 예수께서 말씀하셨기 때문입니다. 이 약속은 몇 주 동안 머물러 계시겠다는 것이 아닙니다. "영원토록"이라고 되어 있습니다. 성령은 왔다 가는 분이 아닙니다. 한 번 성령을 받기만 하면, 그 분은 "영원토록 너희와 함께" 계십니다.

"하지만 내가 잘못을 하면, 그 분이 나를 떠나지 않으실까요?"

아닙니다. 그 분은 떠나지 않습니다. 그 분은 여전히 당신을 도우려 하실 것입니다. 다윗이 음행과 살인으로 죄를 지은 후 "…주의 성신을 내게서 거두지 마소서"(시 51:11)라고 회개하며 기도했습니다. 그 때까지는 성령께서 다윗을 아직 떠나지 않았던 것입니다. 그리고 결코 떠나지 않았습니다.

성령께서 우리 마음mind 가운데 계신 것이 아니기 때문에, 그 분은 우리의 마음mind과 직접 소통하지 않으십니다. 그 분은 우리 영 가운데 계시며 우리의 영을 통해 우리와 소통하십니다. 물론 우리의 영은 내부로부터의 지적 작용에 영향을 줍니다.

예수께서 약속된 성령에 대해 말씀하실 때, "그러나 진리의 성령이 오시면 … 그가 스스로 말하지 않고 오직 듣는 것을 말하신다"라고 했습니다. 예수께서는 성령께서 말하신다고 했습니다(요 16:13). 예수께서는 이미 "내가 아버지께 구하겠으니 그가 또 다른 보혜사를 너희에게 주사 영원토록 너희와 함께 있게 하리니"(요 14:16)라고 말씀하셨습니다. 그리고 계속해서 "그는 너희와 함께 거하심이요 또 너희 속에 계시겠음이라"(요 14:17)라고 하셨습니다.

이것은 방언에 대한 얘기가 아닙니다. 우리는 성령께서 말하게 하시는 바에 따라 방언으로 말합니다. 예수께서는 성령께서 말씀하실 때에 그 분이 "장래 일을 너희에게 알리시리라"(요 16:13)고 하셨습니다. 그 분은 어떻게 그렇게 하실까요? 그 분은 우리의 영 안에서 말씀하시는데, 이는 그 곳이 그 분이 계신 곳이기 때문입니다. 우리의 영은 성령으로부터 정보를 얻습니다.

내게 일어났던 일들 중 가장 엄청난 일은 내부에서 시작되었습니다. 그 곳은 하나님께서 일하시는 곳입니다. 우리가 구원받을 때, 성령께서 우리 영을 움직이시고, 우리는 양심의 가책conviction을 느끼게 됩니다. 우리는 하나님께 응답하고 싶어하는 충동을 느낍니다. 그 분이 우리 영에 말씀하실 때에 우리 안에서 무슨 일인가가 발생하고, 우리는 성령님과 함께 알게 됩니다become acquainted with.

제가 처음으로 내부 음성을 듣는 것을 배운 것은, 병상에 누워 있을 때였습니다. 나는 어떻게 할 지 몰랐습니다. 아무도 가르쳐 주지 않았고, 스스로 터득해야만 했습니다. 만약 그 전에 듣기 시작했더라면, 16개월 동안 꼿꼿이 누워 있지 않았을 것입니다. 그러나 나는 듣지 않았습니다. 보이지 않는 이 분은 하나님의 말씀을 내게 열어 주려 했고, 그 말씀에 따라 행동하게 하려 했지만, 나는 그렇게 하지 않았습니다. 왜냐하면 내 생각이 허락하지 않았기 때문입니다. 내가 믿음으로 행동하는 것을 허락하지 않았습니다.

나는 기도하고 축복 받았음을 느끼곤 했습니다. 이는 하나님께서는 우리가 기도할 때, 우리를 축복하시기 때문입니다. 그러나 그것이 우리가 기도 응답을 받았다는 것을 의미하는 것은 아닙니다. 너무나 많은 사람들이 그들의 믿음을 하나님의 말씀에 두어야 할 때 그렇게 하지 않고 믿음을 자신들의 느낌에 둠으로써 속아 왔습니다.

나는 내가 나았는지 알아보려고 심장 박동을 살펴 보았습니다. 내가 걸을 수 있는지 빈약하고 야윈 다리를 바라보곤 했습니다. 더 나아진게 없음을 보고는 주님께 울부짖곤 했습니다. "왜?"

드디어 성령께서 나로 하여금 말씀을 듣게 하시는 때가 되었습니다. 하나님의 영은 말씀에 따라 언제나 우리를 인도하십니다. 그 분은 성경의 저자이십니다.

마가복음 11장 24절은 나를 병상에서 일으키신 말씀입니다. "그러므로 내가 너희에게 말하노니 무엇이든지 기도하고 구하는 것은 받은 줄로 믿으라 그리하면 너희에게 그대로 되리라."

성령께서 내 마음에 그 구절의 마지막 부분인 "그리하면 너희에게 그대로 되리라"에 주의하도록 했고, 그것이 사실인 것처럼 행동하라고 말씀하셨습니다. 어쩌면 "어떻게 주님께서 말씀하시는 것을 들었습니까?"하고 물을지 모릅니다. 저는 자연계의 어떤 음성도 듣지 못했습니다. 내 육체의 귀로는 아무 것도 듣지 못했습니다. 나는 내면으로부터 들었습니다. 나는 그 분께서 내 영에 분명하게 말씀하시는 것을 들었습니다.

사람이 믿는 것은 심령heart, 즉 영spirit을 통해서 입니다. 우리가 하나님의 말씀에 기초하는 것은 속 사람을 통해서이지, 머리로 하는 것이 아닙니다. 당신의 마음mind 속에는 온갖 종류의 의심들이 있을 수 있지만, 당신은 당신의 심령heart으로 믿는 것입니다. 나도 내 생각 속에 온갖 종류의 의심들이 있었지만, 그것들에 결코 방해받지 않았습니다. 그리고 당신이 허락하지 않는 한, 당신 역시 방해받지 않을 것입니다. 내 안의 음성에 순종하고 하나님의 말씀 안의 약속을 굳게 잡았을 때, 그리고 상반되는 외적인 징후들에도 불구하고 내가 치유되었음을 이미 이루어진 사실로 주장할 때, 하나님께서는 의사의 사형 선고에서 나를 구원하셨습니다.

  만약 우리가 그 분께 더 민감하게 되는 것을 배운다면, 성령께서는 우리를 도우실 수 있고 가르치실 수 있으며 우리 가운데 역사하실 수 있습니다. 우리는 이것을 하룻밤만에 배우지 못할 것이고, 또한 그렇지 못했다고 실망하지도 말아야 합니다. 왜냐하면 그것은 하루 학교에 가고는 이제 다 배웠다고 하는 것과 똑같기 때문입니다. 계속 다니면서 계속 배우는 것입니다. 영적인 일들도 마찬가지입니다. 배우는 과정 중에 실수하지 않고 배울 수는 없습니다. 처음으로 운전하다가 보도 위로 타고 올라갔다고 해서 운전을 그만 두려 하지는 않을 것입니다. 운전을 잘 할 수 있을 때까지 계속하는 것입니다. 우리는 성령 안에서의 발걸음을 계속해야 하는 것입니다. "하나님을 가까이 하라 그리하면 너희를 가까이 하시리라…" (약 4:8)

  나를 성령 세례로 인도한 것도 같은 내면의 음성이었습니다. 내가 처음으로 이런 경험에 대한 설교를 들었을 때, 나는 그들이 잘못에 빠져 있다고 생각하고는 귀를 닫았습니다. 마침내 성령께서 동일한 내면의 음성으로 내 영에게 "너는 왜 성경이 말하는 것을 보지 않느냐?"라고 말씀하셨습니다. 그 분은 그 주제에 대한 말씀으로 나를 인도하셨고, 그 때 나는 받아들였습니다. 나는 성령께서 내 영에 주신 빛 가운데로 걸었고 성령 세례를 받았습니다.

"사람의 영혼은 여호와의 등불이라 사람의 깊은 속을 살피느니라"(잠 20:27) 이는 하나님께서 우리를 가르치시고 안내하시고 지도하시기 위해 우리의 영을 이용하신다는 말입니다. 그 분은 내면의 증거inward witness를 통해 우리 영에게 말씀하십니다. "무릇 하나님의 영으로 인도함을 받는 사람은 곧 하나님의 아들이라"(롬 8:14)

우리의 '영' 역시 자신의 음성을 갖고 있습니다. 우리는 그것을 양심, 인도guidance, 직관intuition이라고 부릅니다. 세상에서는 예감hunch이라고 부르기도 합니다. 이것이 우리 자신의 영이 우리에게 말하는 것입니다. 구원을 받았든 안 받았든, 그는 여전히 영적인 존재이고, 그 영 안의 일들을 알 수 있습니다. 그리고 이 내면의 음성은 우리 생각에 길잡이 역할을 하려고 합니다.

이 내면의 음성을 따랐다면 겪지 않아도 되었을 마음의 고통들이 정말로 많이 있습니다. 만약 우리가 이 내부의 증거를 따랐다면, 결코 투자해서 돈을 잃는 일이 없었을 것입니다. 만약 이 내부의 음성을 들었다면, 어떤 거래나 사업상의 협력을 하지 않았을지도 모릅니다. 어떤 친구를 사귀지 않았을지도 모릅니다. 나는 훌륭한 젊은이들이 잘못된 무리에 속해서 잘못된 친구를 고르고, 하나님께로부터 멀어지는 것을 보아왔습니다. 만약 하나님의 영에 귀를 기울였다면 많은 실수들을 저지르지 않았을 것입니다.

나는 몇 년 전 교회의 부흥을 위한 어떤 목사의 초청을 받아들인 적이 있습니다. 제게는 그 집회를 받아들여야 할지 말아야 할지에 대한 어떤 특별한 인도가 없었습니다. 그래서 나는 그냥 가도 되겠다고 짐작했습니다.

부흥 집회의 계획에 따라 그 교회 차례가 되었을 때, 나는 저녁 예배를 위해 기도하고 있었습니다. 기도 중에 이 다음 번 교회에 가지 말아야겠다는 느낌을 갖게 되었습니다. 그것은 단순한 기분 이상의 것이었습니다. 차츰 없어지려니 하고는 무시하려고 했습니다. 그리고 성령으로부터 나왔을 때, 그 느낌은 차츰 없어졌습니다.

다음 날 다시 기도하는 중에, 이 내면의 음성이 다시 그 교회에 가지 말라고 강하게 말하였습니다. 저는 이해할 수가 없었습니다. 나는 이미 그 교회에 가겠다고 목사님과 약속했기 때문입니다. 이미 약속을 했고 광고가 되었기 때문에 나는 가야만 했습니다. 무엇보다 이것은 내 계획상의 유일한 집회였고, '지금 내 앞에 열려 있는 문이 이것 하나 뿐이므로 그냥 계속할 뿐이야'라고 생각했습니다. 내가 기도 처소에서 일어났을 때 그 느낌은 또 다시 내게서 떠났고 더 이상 생각나지 않았습니다. 다음 날 기도 중에, 성령께서 다시 그 교회에 가지 말라고 말리셨지만 나는 다시 무시했습니다.

내가 그 교회에 도착했을 때, 나는 그 목사님에게 문제가 있음을 보았습니다. 나는 몇 가지 이유에서 그 집회에 대해 유감스러워 했습니다. 그러나 내가 단지 며칠만 있다가 떠날 거라는 의문들이 생기는 것을 알았기 때문에 나는 그 목사님에게 계획대로 일주일 동안 설교하겠다고 말했습니다.

마을에 쾌적한 모텔이 몇 개 있었음에도 불구하고, 또한 그 목사님 자신은 매우 좋은 집에서 살고 있음에도 불구하고, 그는 우리를 전도자 숙소로 데려갔는데, 거기는 그의 집 뒤의 닭장과 거의 비슷한 크기였습니다. 그는 "이번 집회에서 모금하려는 헌금이 약간 있는데, 만약 남게 된다면 당신께 드리겠습니다. 이번 주에 당신에게 25불에서 50불 정도 드릴 수 있기를 바랍니다."라고 말했습니다. 나는 그가 사람을 구원하기 위해서가 아니라 헌금을 위해 집회를 계획했다는 것을 알았습니다.

나는 나의 전도팀을 데리고, 1200마일이나 여행해서 그 곳에 간 것이었습니다. 나는 그들의 여행 경비 모두와 내 자신의 경비를 지불해야 했습니다. 나는 나와 그들의 식사와 쾌적한 모텔의 숙박료를 지불했고, 그 주 마지막에 나는 40불을 받았습니다. 나는 그 마을을 떠나 다음 집회 장소로 가기 위해 은행에서 300불을 빌려야 했습니다.

말할 필요도 없이 내부의 음성에 순종하지 않은 모험의 대가는 값비싼 것이었습니다. 그러나 내게는 좋은 교훈이 되었습니다. 만약 성공적인 그리스도인이 되려고 한다면, 우리는 우리 영이 생각을 지배하는 것을 배워야 합니다. 믿음으로 걷는다는 것은 말씀에 의해 걷는 것이고, 우리의 마음과 속 사람이 우리를 제어하도록 하는 것입니다.

3개월 정도 후에 나는 집회를 열었고, 그것은 주님의 엄청난 축복을 받았습니다. 재정 상태는 매우 좋아졌고, 청구서들을 갚아나가기 시작했습니다.

그 집회 이후 즉시 몇몇 부흥 집회에 초대되었지만, 나는 주께서 가기를 원하시는 곳이 어디인지 증거를 얻지 못했습니다. 나는 음성을 듣고 있지 않았기 때문입니다. 나는 어느 초대에 응해야 할지 내 속의 신호를 기다리고 있을 뿐이었습니다. 하지만 정말 어디로 가야 할지 몰랐습니다. 진행되었던 집회의 마지막 주가 되었을 때, 남은 시간은 점점 줄어들고 그런 짧은 기간의 예고로는 또 다른 집회를 열기 어렵다는 것을 알고 있었습니다. 방송도 만들어야 하고 지방 신문에 실을 광고 등등…

나는 아내에게 말했습니다. "자, 뭔가 해야겠어요. 나에게 그 도시에서 집회를 열어 달라고 여러번 초청했던 아무게 형제에게 전화를 해야 겠어요. 오늘이 수요일이니까, 오늘 밤에 전화하면 그가 내일 신문에 광고를 실을 수 있을 것이고, 우리는 다음 월요일 밤에 집회를 시작할 수 있을 거에요."

나는 다른 방으로 가서 그에게 전화하려고 수화기를 들었습니다. 그 때 내 안의 음성(증거는 아니었습니다)이 나를 깜짝 놀라게 했고 나는 놀라서 펄쩍 뛰었습니다. 음성은 "하지마, 하지마."라고 했습니다. 나는 이미 수화기를 들긴 했지만 다이얼은 아직 돌리지 않았습니다. 나는 수화기를 도로 내려놓고 물었습니다.

"주님, 지금 제가 무엇을 해야 합니까?" "저는 6월까지 준비된 집회가 없습니다. 게다가 갚아야 할 채무도 있고요. 제가 무엇을 할까요?" 이번에는 전과 같이 아무런 음성도 들을 수 없었지만 내 안에 내적 존재inner being로부터 "그냥 기다려라."라고 말하는 것 같은 무언가가 있었습니다. 쉬운 일이 아니었지만 나는 하나님으로부터 들었음을 알았고 그래서 내 방으로 돌아왔습니다.

아내는 물었습니다. "뭐라고 그래요?"

"전화 안했어요." 내가 대답했습니다.

"전화 안했어요? 왜요?"

"주님이 하지 말라고 하셨소." 아내도 만족해 했습니다.

다음 날 저녁 우리는 다음 집회에 대한 계획을 토의했습니다.

"자, 뭔가를 해야만 해요. 충분히 오래 기다려 왔어요. 뭔가를 해야만 해요. 왜냐하면 지불해야 할 청구서가 있어요."

신문에 광고를 싣기 위한 마지막 시한이었던 어젯밤에 고려했던 그 집회를 시작하기에는 너무 늦었습니다. 그러나 나는 바로 전날이라도 미리 알려만 주면 어느 때든 가능한 시간에 교회로 와주기를 요청했던 약 200마일 떨어진 곳의 어떤 목사님을 생각했습니다.

나는 일어나 전화하러 갔습니다. 전화기를 들고 다이얼을 돌리려 하는데, 또 다시 내 안에서 음성이 들렸습니다.

"하지마."

나는 따졌습니다.

"하지만 주님, 저는 뭘 합니까? 저도 살아야 합니다. 내야 할 집세도 있고 애들도 키워야 하고 지불해야 할 청구서도 있고요. 그리고 이번 주일 저녁 예배 후로는 들어올 수입이 전혀 없습니다." 분명히 주님께서는 제가 가길 원하는 곳이 있고 제가 하길 원하는 일이 있습니다. 그 분의 대답은 단지 "기다려라." 였습니다. 성령의 인도를 바라며 그 분이 하시는 일과 마찬가지로 나는 그 분께서 말하지 않는 것도 의지합니다. 정말로 어떻게 하나님을 신뢰하며, 그 분의 약속을 의지하는지, 그리고 그 분께 완전히 의지하는 것을 배우는 시기인 것입니다.

성령께서는 내가 있던 바로 그 곳에 머무르라고 감동을 주시는 듯 보였고, 내게 어떤 좋은 것을 준비하셨으며, 내가 만약 떠난다면 그것을 잃게 될 것처럼 보였습니다. 그때서야 알게 되었습니다. 어떻게 해서 그렇게 되는지는 말할 수 없습니다. 그저 다음 날 아침 목사님이 내게 한 주 더 머물 수 있겠느냐고 물어볼 것이라는 것을 내 안에서부터 알게 되었는데, 그렇게 하면 집회를 4주 동안 하게 되는 것이었습니다.

아내가 있는 방으로 돌아왔을 때, 그녀가 물었습니다.

"그 분이 뭐래요?"

나는 "전화를 걸지 않았어요. 주님께서 하지 말라고 하셨어요."라고 말했고 아내는 이해했습니다.

다음날 아침 목사님이 말했습니다. "저기 … 음 … 제가 좀 부탁드릴 것이 있는데요." 그는 주저하며 우물거렸습니다.

나는 "저는 무슨 얘기인지 알고 있고 대답은 '예' 입니다."라고 말했습니다.

"머물 수 있겠습니까?" 그가 물었습니다.

"예, 한 주 더 있겠습니다."

그 넷째 주 집회가 얼마나 영광스러웠는지요. 예배당이 매일 밤 가득 찼고 영혼들이 구원받았으며 신자들이 성령으로 충만해졌습니다. 그 주가 거의 다 지날 무렵 어느 날 오후에 한 부인에게서 전화가 왔습니다.

"해긴 목사님, 저를 기억 못하실 거예요." 하며 자기 이름을 말했습니다.

"저는 목사님 집회에서 성령 세례를 받았어요. 주님께서 당신께 1000 불을 드리라고 하셨어요."

제가 성령의 인도를 받지 않았다면 저는 이것을 놓쳤을 것입니다. 아무 것도 보이는 것이 없는 채로 기다린다는 것은 힘든 일인데, 이것은 우리의 마음이 보이는 것을 따라 행하기를 원하기 때문입니다.

그러나 하나님께서는 믿음으로 걷기를 원하십니다. 믿음은 심령heart의 것입니다. 우리의 영은 하룻밤 새에 이런 믿음의 길을 걷도록 훈련되지는 않을 것입니다. 우리는 그 길을 가면서 여러번 실수할 것이고 하나님을 놓칠 것입니다. 그러나 그 분을 계속 찾을 때, 내면의 음성에 인도되도록 우리 영을 훈련시킬 수 있습니다.

06

질문과 대답

    인간의 세 가지 차원에 대한 최근 세미나에서 나는 참석한 사람들의 질문에 답변하는데 한 시간을 할애하였습니다. 이 책의 독자들도 비슷한 의문을 가졌으리라 생각해서 가장 적절한 질문들만 여기에 그 대답과 함께 열거합니다.

질문 : 사람의 영의 모양을 어떻게 묘사하겠습니까? 사람의 몸에 비교해 볼 때 어떻습니까?

답 : 우리는 영적인 것을 물질적인 것으로 꼭 잴 수는 없습니다. 뿐만 아니라 물질적인 것과 영적인 것은 특별한 연관성도 없습니다. 그러나 성경의 증거는 사람의 영적인 몸 spiritual body은

그 사람의 자연 상태의 몸natural body과 모양이 비슷하다는 것을 시사하고 있습니다.

바울은 이렇게 말했습니다.

"내가 그리스도 안에 있는 한 사람을 아노니 그는 십 사년 전에 셋째 하늘에 이끌려 간 자라(그가 몸 안에 있었는지 몸 밖에 있었는지 나는 모르거니와 하나님은 아시느니라) 내가 이런 사람을 아노니(그가 몸 안에 있었는지 몸 밖에 있었는지 나는 모르거니와 하나님은 아시느니라) 그가 낙원으로 이끌려 가서 말로 표현할 수 없는 말을 들었으니 사람이 가히 이르지 못할 말이로다."

바울은 여기서 자기 자신의 체험을 말하고 있습니다. 그는 자기가 몸 안에 있었는지 몸 밖에 있었는지 모른다고 말했습니다. 오직 하나님만이 확실히 알고 계십니다. 대부분의 신학자들은 이것이 바울이 돌에 맞아 죽었을 때를 언급하는 것이라고 믿고 있습니다(행 14:19). 그러나 그는 일어나 걸어서 나갔습니다. 이 체험은 이 때 일어났을 가능성이 가장 큽니다. 우리는 언제 이 일이 일어났는지 다른 기록은 가지고 있지 않습니다.

사실상 큰 차이가 있는 것은 아니지만 우리가 영과 몸의 모양을 비교해보기 원한다면 바울이 영의 상태에 있을 때의 모양은 그의 자연 상태의 모양과 비슷했습니다. 그는 자기가 줄어들어서 난쟁이가 되었다고 말할 수 없었습니다. 물론 그랬다면 자신도 알아볼 수 없었겠지요. 또한 영의 세계에서 키가 10피트 이상의 거인이 되지도 않았는데 그랬다면 역시 알아볼 수 없었을 것입니다. 바울의 영의 모양도 몸의 모양과 거의 똑같았다고 제게는 여겨집니다.

누가복음 16장 19-31절에서 예수님께서 부자와 나사로에 관하여 말씀하셨습니다. 나사로가 죽었을 때 그는 천사들에 의해 아브라함의 품으로 옮겨졌습니다. 부자는 죽어서 장사되었을 때 "음부에서 고통 중에 눈을 들어 아브라함과 그의 품에 있는 나사로를 보았습니다." 음부hades 혹은 지옥hell은 몸을 떠난 영들이 있는 장소입니다. 그 곳은 두 부분으로 나뉘어져 있습니다. 모든 구원받은 사람들은(그들은 구원에 대해서는 약속어음을 받아놓았기 때문에 하나님께서 그들을 보존하신다는 의미입니다) 아브라함의 품으로 갔습니다. 아브라함은 유대인의 아버지입니다. 그 부자가 나사로를 보았을 때 그는 나사로를 알아보았습니다. 비록 영의 세계에서지만 나사로는 이 세상에 있을 때의 모습처럼 보였음에 틀림이 없습니다. 만일 그렇지 않았다면 그 부자는 나사로를 알아보지 못했을 것이기 때문입니다. 그 부자가 나사로를 알아보기 위해서는 영의 세계에서도 나사로는 거의 같은 모습을 하고 있어야만 했을 것입니다.

우리는 육체의 몸physical body뿐 아니라 영의 몸spirit body도 가지고 있음을 깨달을 필요가 있습니다. 천사들은 영이지만 그들도 어떤 형태나 영의 몸을 소유하고 있습니다. 하나님 자신도 영이지만 어떤 사람들이 이 사실을 해석하듯이 하나님이 단지 영향력이나 우리가 느낄 수 없는 무엇을 의미하는 것은 아닙니다.

하나님은 어떤 모양shape이나 어떤 형태form의 영의 몸spirit body을 가지고 계십니다. 이 사실을 우리가 어떻게 알 수 있습니까? 성경은 모세가 시내산 위에 있을 때 하나님께 얼굴을 마주하고face to face 말을 했었다고 말하고 있습니다.

"너는 내 얼굴을 볼 수 없다…"(출 33:20) 모세가 하나님의 얼굴을 보는 것은 허락되지 않았지만 하나님은 보여질 수 있었던 얼굴을 소유하고 있었습니다.

하나님께서는 또한 모세에게 "내 영광이 지날 때에 내가 너를 반석 틈에 두고 내가 지나가도록 내 손으로 너를 덮었다가 손을 거두리니 네가 등을 볼 것이요 얼굴은 보지 못하리라"(출 33:22-23)라고 말했습니다.

베드로와 야고보와 요한이 변화산 위에서 그리스도와 함께 있을 때 그들은 모세와 엘리야를 보았습니다. 만일 그 제자들이 어떤 이상한 형태의 구약의 선지자들을 보았더라면 그들은 선지자들을 알아보지 못했을 것입니다.

만일 모세가 10피트 정도 컸더라면 제자들은 모세인줄 몰랐을 것입니다. 모세는 비정상적인 사람으로 보여졌을 것입니다. 영의 크기가 얼마나 되느냐의 문제는 뇌의 크기가 얼마나 되느냐는 것과 같은 것입니다.

사람의 뇌의 크기가 그 사람의 정신적인 능력을 결정짓는 것이 아닙니다. 우리는 모두 거의 비슷한 크기의 뇌를 가지고 있습니다. 어떤 사람들은 다른 사람에 비해 좀 더 머리가 좋기도 하지만 그렇다고 그 사람의 뇌라는 육체적 기관이 더 크다는 것을 의미하는 것은 아닙니다. 그들은 단지 그 뇌 속에 좀 더 많은 것을 집어 넣은 것 뿐입니다.

영적으로 말해서 우리의 영들은 거듭났습니다. 영이 진짜 당신입니다. 성령님은 당신의 영 안에 살기 위해 오셨습니다. 성령님께서 당신을 통하여 자신을 나타내시는 것은 당신이 영적으로 얼마나 배우고 발전하느냐에 달린 것입니다.

질문 : 거듭나기 전에 사람에게 영이 있습니까? 영이 새롭게 되는 것입니까renewed, 아니면 새롭게 만들어 집니까?re-created 성경은 우리가 새로운 창조 즉 새 피조물a new creation이라고 말씀하고 있습니다. 재창조된 것a re-created이 맞습니까?

답 : 새로운 창조a new creation가 맞습니다만 아직도 재창조 a re-creation인 것은 그 사람이 과거에는 아니었던 무엇이 되어 있기 때문입니다. 처음으로 돌아가서 창세기를 봅시다. 창세기를 보면 하나님께서 사람을 만드시고 땅을 다스리도록 하셨습니다.

처음에는 사람의 몸이 아니라 사람의 영이 그를 지배했습니다. 하나님은 누군가와 교제하는 기쁨을 위해서 사람을 창조하셨습니다. 그런데 아담이 죄를 범하자, 그의 영his spirit nature 에 무슨 일이 일어났습니다.

다른 말로 하면, 우리는 새로운 탄생the new birth이 거꾸로 된 것을 볼 수 있습니다. 아담이 죄를 지었을 때, 그가 영적 존재로 존재하는 것이 중단된 것이 아니라, 그의 영이 하나님으로부터 분리되었고 마귀의 본성이 그의 영 안으로 들어오게 되었던 것입니다.

그는 영적으로 마귀의 자식a spiritual child of the devil이 되었습니다. 예수님께서 바리새인들에게 이렇게 말씀하셨습니다. "너희는 너희 아비 마귀에게서 났으니 너희 아비의 욕심대로 너희도 행하고자 하느니라 그는 처음부터 살인한 자요 진리가 그 속에 없으므로 진리에 서지 못하고 거짓을 말할 때마다 제 것으로 말하나니 이는 그가 거짓말쟁이요 거짓의 아비가 되었음이라"(요 8:44)

이 마귀의 본성이 인류에게 나타나기 시작했습니다. 우리는 아담의 첫 아들이 둘째 아들을 죽이고 그 사실에 대해 거짓말하는 것을 보았습니다.

이것이 바로 사람이 거듭나야만 하는 이유입니다. 이것이 바로 사람이 행위로 구원받을 수 없는 이유입니다. 사람은 영적으로 마귀의 자식이기 때문입니다. "그러므로 한 사람으로 말미암아 죄가 세상에 들어오고 죄로 말미암아 사망이 들어왔나니 이와 같이 모든 사람이 죄를 지었으므로 사망이 모든 사람에게 이르렀느니라"(롬 5:12) 이 성경 말씀은 육체적 죽음이 아니라 영적 죽음을 말하고 있는 것입니다.

이것을 좀 더 잘 이해하기 위해 계속 읽어 봅시다. "죄가 율법이 있기 전에도 세상에 있었으나 율법이 없었을 때에는 죄를 죄로 여기지 아니하였느니라 그러나 아담으로부터 모세까지 아담의 범죄와 같은 죄를 짓지 아니한 자들까지도 사망이 왕 노릇하였나니 아담은 오실 자의 모형이라"(13-14절)

이 말씀은 사망이 아담으로부터 모세까지 다스렸다고 우리에게 말하고 있습니다. "다스리다reign"라는 말의 그리스어는 왕으로서 다스리는 것을 의미합니다. 사망은 왕으로서 다스렸습니다. 사람을 지배하였습니다had dominion over man. 그러나 이 죽음이 그쳤지만 사람들은 계속 육체적으로 죽고 있습니다. 아담으로부터 모세까지 다스렸던 죽음은 육체적 죽음이 아니라 영적 죽음, 즉 하나님으로부터의 분리였습니다. 하나님께서 모세에게 율법을 주시고 죄에 대한 보상atonement이 가능하도록 레위 제사장 제도를 세우셨을 때 그들을 하나님으로부터 분리되게 하는 죄가 갚아졌기 때문에 영적 죽음은 그 사람들을 다스리지 않았습니다. 그러나 육체적으로는 계속 죽었습니다.

로마서 5장 12-14절은 영적 죽음을 언급하고 있습니다. 그러므로 사람은 거듭나야만 합니다. 사람은 하나님으로부터 분리되어 있고 영적으로는 마귀의 자식입니다.

그러므로 누군가가 아담의 죄, 즉 사람의 죄에 대한 범칙금을 지불하고 사람에게 새 생명, 즉 하나님으로부터 오는 생명을 부여해야 합니다.

그래서 하나님은 사람에게 영생을 제공하십니다. "죄의 삯은 사망이요 하나님의 은사는 그리스도 예수 우리 주 안에 있는 영생이니라"(롬 6:23)

새로운 탄생으로 하나님의 생명을 받아들이는 것은 우리의 영을 변화시킵니다. 우리는 새 사람, 즉 우리 안에 하나님의 생명과 본성nature을 가진 새로운 피조물a new creature이 됩니다. "그런즉 누구든지 그리스도 안에 있으면 새로운 피조물이라 이전 것은 지나갔으니 보라 새 것이 되었도다"(고후 5:17) 옛 것들이 몸 밖에서는 지나가 버리지 않았습니다. 당신은 늘 가지고 있던 똑같은 그 몸을 소유하고 있습니다. 그러나 당신은 속으로는 새 사람입니다. 당신은 그 새 사람이 당신을 지배하도록 허락해야만 합니다.

질문 : 내 영으로 무엇을 알 때, 어떻게 그것이 하나님으로 말미암은 것인지 알 수 있습니까?

답 : 지식이 당신 자신의 영이라는 사실이 반드시 틀리다는 것은 아닙니다. 그리스도인이 아닌 사람들까지도 많은 사람들이 어떤 일이 일어나기도 전에 무엇인가 일어날 것을 그들의 영으로 알고 있습니다. 어떤 사람들은 저에 대하여서도 예측을 하고 나도 그들이 말한 것이 이루어지는 것을 보았습니다. 나는 지금 여기서 점치는 것이나 미래를 예언하는 것을 언급하고 있는 것이 아닙니다.

사람은 영적 존재이기 때문에 자신의 영his own human spirit을 발전시킬 수 있습니다. 영적으로 예민하기 때문에 단순히 어떤 사람은 그의 영으로 어떤 것들을 알 수 있습니다. 이런 부류의 사람들은 자신들의 영의 음성에 주의를 기울이는 것을 배웠던 것입니다. 그들의 영은 그들의 마음이 알지 못하는 것을 알고 있습니다.

반면에 하나님의 자녀는 영적인 것에 대해서 자신의 영을 발전시킬 수 있으며 하나님의 영으로 하여금 무엇을 보여주고 그에게 무엇을 말하도록 허락할 수도 있습니다. 이것은 하나님의 말씀을 공부함으로써 되어집니다.

제 2 부

사람의 영
(The Human Spirit)

01

당신의 영을 개발하는 법
(How To Develop Your Spirit)

사람의 몸을 연구하는 과학에는 수백만 달러의 돈을 들였습니다. 이에 더하여 수백만 달러의 돈이 사람의 혼의 일부인 지적인 과정을 연구하는데 쓰였습니다. 그러나 사람의 영에 대해서는 우리는 너무나 아는 것이 없고 노력도 별로 하지 않습니다.

그렇지만 사람의 마음mind을 교육하고 개발할 수 있는 것과 마찬가지로 사람의 영도 교육하고 개발할 수 있습니다. 몸을 튼튼하게 하듯이 영도 훈련받고 튼튼하게 할 수 있습니다. 어떻게 할 수 있을까요? 하나님의 말씀을 공부함으로써 가능합니다.

우리는 자연적인 능력(마음)으로는 영적인 것들을 이해할 수 없습니다. 하나님의 말씀을 완전하게 이해하기 위해서는 우리의 마음이 하나님의 말씀으로 새롭게 되어 변화되어야만 합니다.

사도 바울은 이렇게 말했습니다. "육에 속한 사람은 하나님의 성령의 일들을 받지 아니하나니 이는 그것들이 그에게는 어리석게 보임이요 또 그는 그것들을 알 수도 없나니 그러한 일은 영적으로 분별되기 때문이라"(고전 2:14)

하나님의 말씀은 하나님의 영으로 주어진 것입니다. 왜냐하면 "오직 성령의 감동하심을 받은 사람들이 하나님께 받아 말한 것임이라"(벧후 1:21)라고 하셨기 때문입니다. 이것이 바로 자연인의 마음은 하나님의 말씀을 이해할 수 없는 이유입니다. 성경은 오직 가슴영, heart으로만 이해할 수 있습니다. 우리는 우리 영에 계시를 받아야만 합니다.

사람이 거듭나게 되면 하나님의 자녀가 되고, 성경을 이해하고, 영적인 것을 배울 수 있게 됩니다. 바울이 말한 것처럼 그는 그리스도 예수 안에서 새로운 피조물이 된 것입니다.

"그런즉 누구든지 그리스도 안에 있으면 새로운 피조물이라 이전 것은 지나갔으니 보라 새 것이 되었도다"(고후 5:17)

영적인 것들을 튼튼히 세우는 것, 즉 영을 훈련하는 과정은 매일 해야 하는 것입니다. "그러므로 우리가 낙심하지 아니하노니 우리의 겉사람은 낡아지나 우리의 속사람은 날로 새로워지도다"(고후 4:16)

앞에서 우리는 "속사람"이 진짜 사람, 진정한 당신이라는 사실을 확실히 하였습니다. 몸이 죽어도 속사람은 여전히 살아 있습니다. 바울은 빌립보 성도들에게 이렇게 말했습니다. "이는 내게 사는 것이 그리스도니 죽는 것도 유익함이라"(빌 1:21)

이 말씀은 개가 죽는 것과 같이 사람이 죽으면 그의 존재도 끝이라는 이론이 헛됨을 말하고 있습니다. 사람이 죽어서 멸망함으로써 죽음이 모든 존재의 종말이라면 죽는 것은 확실히 아무 유익이 없을 것입니다.

이 말씀은 또한 사람이 죽으면 하늘의 구름처럼 어딘가에 떠돌아다닌다고 믿는 "영혼의 잠듦soul sleep"이란 이론도 헛됨을 말하고 있습니다. 이것도 역시 죽음은 아무 유익이 없습니다.

이 말씀은 죽은 뒤에 사람이 세상에 소나, 파리나, 말이나, 고양이로 다시 태어난다고 하는 윤회설이 헛됨을 말하고 있습니다. 어떤 형태로든지 더 낮은 형태의 동물로 되돌아오는 것도 아무 유익이 되지 못하기 때문에 이는 진리가 아닙니다. 우리는 어리석은 이론들을 따라 빗나가지 말고 하나님의 말씀만 따라가야 합니다.

왜 바울은 자기가 죽는 것이 유익이 된다고 했을까요? 사랑하는 사람들을 여읜 우리들에게는 물론 유익이 없지만 이 세상을 떠난 사람들에게는 유익이 된다는 말입니다. "내가 그

둘 사이에 끼었으니 차라리 세상을 떠나서 그리스도와 함께 있는 것이 훨씬 더 좋은 일이라 그렇게 하고 싶으나 내가 육신으로 있는 것이 너희를 위하여 더 유익하리라"(빌 1:23-24) 바울이 죽는 것이 유익하다고 말한 이유는 그는 죽어서 그리스도와 함께 있을 것이기 때문이었습니다!

어떤 사람들은 영생이란 것을 하늘나라에 가서 소유하게 되는 것으로 생각합니다. 그러나 영생은 지금 우리가 소유할 수 있는 것입니다! 영생은 하나님의 생명입니다. 영생은 하나님이 가지신 생명과 같은 생명 God-kind of life을 말하는 것입니다.

영생은 우리의 영에 들어와서 우리를 거듭나게 하고 우리를 새로운 피조물로 창조함으로써 우리의 본성을 바꾸는 하나님의 본성입니다. 이때 우리는 사랑이라는 하나님의 본성을 우리 안에 소유하게 됩니다. "너희가 서로 사랑하면 이로써 모든 사람이 너희가 내 제자인 줄 알리라"(요 13:35)

거듭날 때 하나님의 성품이 우리 안에 거하게 되고 우리는 우리의 영을 더 높은 단계로 하나님께 예배드리고 섬길 수 있도록 개발시킬 수 있습니다.

더 앞으로 나가기 전에 앞에서 배운 영, 혼, 몸으로 되어 있는 사람의 세 가지 본성에 대해서 복습을 합시다.

요약한다면 사람의 세 가지 본성은 이렇습니다.

(1) 영 – 영적인 영역을 다루는 사람의 한 부분.
(2) 혼 – 생각하는 것과 같이 지적인 능력, 즉 정신 영역을 다루는 사람의 한 부분.
(3) 몸 – 육체의 영역을 다루는 사람의 한 부분.

무엇보다도 먼저 이 셋을 서로 구분할 필요가 있습니다. 바울은 데살로니가전서 5장 23절에서 이렇게 구분하였습니다. "평강의 하나님이 친히 너희를 온전히 거룩하게 하시고 또 너희의 온 영과 혼(목숨)과 몸이 우리 주 예수 그리스도께서 강림하실 때에 흠 없게 보전되기를 원하노라."

어떤 사람들은 사람의 영과 혼을 같은 것으로 잘못 생각했습니다. 그러나 성경은 말하고 있습니다. "하나님의 말씀은 살아 있고 활력이 있어 좌우에 날선 어떤 검보다도 예리하여 혼과 영과 및 관절과 골수를 찔러 쪼개기까지 하며 또 마음의 생각과 뜻을 판단하나니"(히 4:12) 만일 영과 혼이 같은 것이라면 어떻게 나눌 수 있겠습니까?

많은 사람들이 영과 혼을 구분하기가 어렵다고 합니다. 몸과 다른 두 개를 구분하는 것이 영과 혼을 구분하는 것보다 더 쉽습니다. 이들을 구분하기 위한 유일한 권위는 하나님의 말씀, 무엇보다도 신약 성경입니다. 구약 성경은 히브리어로 된 것을 번역한 것입니다. 한 단어가 열두 개의 다른 단어로 번역되어 있습니다. 예를 들면 영, 바람, 태풍, 돌풍, 곰팡이, 호흡 등으로 되어 있습니다.

한 번은 이단 교파에서 출판한 책을 보았습니다. 책 표지에 사람이 죽으면 개처럼 죽는 것이라고 되어 있었습니다. 그 책을 읽어보니 그들의 주장은 구약은 동물의 혼에 관해서 말하고 있으나 기독교는 영원히 사는 혼에 대해서 말하고 있다는 것이었습니다.

둘 다 맞는 말이지만 설명이 필요한 말입니다. 원래 히브리어 성경이 동물의 혼에 관해 말하고 있는 것은 사실입니다. 동물도 혼을 가지고 있습니다. 왜냐하면 동물도 어느 정도의 생각하는 기능을 가지고 있고 이것은 혼의 기능입니다. 동물도 감정을 표현하는데 이것도 역시 혼의 기능입니다.

전도서 3장 21절은 "인생들의 혼은 위로 올라가고 짐승들의 혼은 아래 곧 땅으로 내려가는 줄을 누가 알랴"라고 했는데 여기서 혼은 동물의 호흡을 의미하고 있습니다. 동물은 영이 아니고 단순한 혼과 몸으로 되어 있을 뿐입니다. 동물은 죽으면 그것으로 끝입니다.

그러나 사람은 영입니다. 사람은 세 가지 본성을 가지고 있습니다. 사람은 영이며, 혼을 가지고 있고, 몸 안에 살고 있습니다. 사람은 영원한 존재이기 때문에 사람에게는 죽음이 끝이 아닙니다.

거짓 사교에서 나온 책들은 사람의 영과 호흡은 같은 것이라고 주장합니다. 만일 이 말이 맞는다면 바울이 "내 심령으로 my spirit 섬기는 하나님이 나의 증인이 되시거니와…"(롬 1:9)라고 말했을 때 바울은 "나의 호흡으로 섬기는 하나님"이라고 말하는 것이 됩니다.

바울이 "내가 만일 방언으로 기도하면 나의 영이 기도하거니와"(고전 14:14)라고 말할 때 그는 "나는 나의 호흡으로 기도하거니와"라고 말하고 있는 것이 됩니다. 이것은 말이 되지 않습니다. 그렇지 않습니까?

다시 바울은 이렇게 말했습니다. "그러나 너희가 이른 곳은 시온 산과 살아 계신 하나님의 도성인 하늘의 예루살렘과 천만 천사와 하늘에 기록된 장자들의 모임과 교회와 만민의 심판자이신 하나님과 및 온전하게 된 의인의 영들과"(히 12:22, 23) 만일 "영spirit"이 "호흡breath"을 의미한다면 바울이 실제로 말하고 있는 것은 "우리는 온전하게 된 의인들의 호흡에 이르렀다"고 하는 것이 됩니다.

이렇게 되면 예수님께서는 우리의 호흡을 온전하게 하시려고 죽으셨다는 말이 됩니다! 너무나 우스꽝스러운 말입니다. 그러나 우리가 이 두 단어가 같은 것을 의미한다고 가정한다면 이것이 논리적인 결론입니다.

때때로 우리는 설교자들이 그 "혼souls"이 구원 받았다고 하는 말을 듣습니다. 그러나 그 순간 구원받은 것은 그 사람의 혼이 아니라 그 사람의 거듭난 영입니다.

야고보도 죄인이 아니라 성도들에게 쓴 그의 서신에서 이렇게 언급했습니다. 야고보는 반복해서 "나의 사랑하는 형제들…" 이라고 말하고 있습니다.

> 그러므로 모든 더러운 것과 넘치는 악을 내버리고 너희 영혼을 능히 구원할 바 마음에 심어진 말씀을 온유함으로 받으라 너희는 말씀을 행하는 자가 되고 듣기만 하여 자신을 속이는 자가 되지 말라 누구든지 말씀을 듣고 행하지 아니하면 그는 거울로 자기의 생긴 얼굴을 보는 사람과 같아서 제 자신을 보고 가서 그 모습이 어떠했는지를 곧 잊어버리거니와 자유롭게 하는 온전한 율법을 들여다보고 있는 자는 듣고 잊어버리는 자가 아니요 실천하는 자니 이 사람은 그 행하는 일에 복을 받으리라
>
> 약 1:21-25

야고보는 성도들에게 만일 그들의 혼(마음)이 구원받기를 원한다면 말씀을 듣기만 하는 자가 아니라 말씀을 행하는 자가 되어야 한다고 말하고 있습니다.

바울도 성도들에게 편지를 쓰면서 이렇게 말했습니다. "그러므로 형제들아 내가 하나님의 모든 자비하심으로 너희를

권하노니 너희 몸을 하나님이 기뻐하시는 거룩한 산 제물로 드리라 이는 너희가 드릴 영적(합당한) 예배니라 너희는 이 세대를 본받지 말고 오직 마음을 새롭게 함으로 변화를 받아 하나님의 선하시고 기뻐하시고 온전하신 뜻이 무엇인지 분별하도록 하라"(롬 12:1-2)

바울은 야고보가 말한 것을 말하고 있습니다. 바울은 "마음을 새롭게 함으로 변화를 받으라"고 말했고, 야고보는 "너희 영혼을 능히 구원할 바 마음에 심어진 말씀을 온유함으로 받으라"고 말했습니다. 두 사도는 마음mind, 즉 혼soul을 새롭게 하는 것, 회복시키는 것, 구원하는 것에 관해서 말하고 있습니다.

우리는 이것을 시편 23편에서도 봅니다. "내 혼soul을 소생시키시고"(3절) 여기서도 "내 영을 소생시키시고"라고 말하고 있지 않습니다.

무엇이 소생되었다는 것은 이미 있던 것을 다시 회복시킨다는 말입니다. "소생시킨다"고 번역된 히브리어는 "새롭게 하다"라고 번역된 그리스어와 똑같은 단어입니다. 오늘날 우리는 "회복시키다restore"라는 말과 "새롭게하다renew"라는 말을 같은 의미로 사용하고 있습니다. 예를 들면, 오래된 가구의 부품을 회복시키거나 새롭게 할 수 있습니다. 혼은 새롭게 하거나 회복시킴으로써 구원 받게 됩니다.

야고보가 한 말은 이렇습니다. 그리스도 예수 안에서 새로운 피조물이 됨으로써 믿는 자가 된 사람들은 영원한 생명을 받았습니다. 이제 우리는 마음에 심어진 말씀을 받음으로써 우리의 마음, 즉 혼을 새롭게 하고 회복하고 구원해야 합니다. 이것은 믿는 사람들이 스스로 해야 하는 것입니다.

어떻게 합니까? 말씀을 통해서 합니다.

마음을 새롭게 하는 것이 왜 이렇게 중요할까요?

여러분의 영은 거듭나서 하나님의 성령이 여러분 안에 거한다 하더라도 여러분의 마음이 말씀으로 말미암아 새롭게 되지 않으면 (야고보의 표현을 따르자면 혼이 구원받지 않으면), 몸과 육체의 감각으로 교육을 받아 온 마음은 여러분이 어린 그리스도인으로서 남아 있도록 몸을 편들게 됩니다.

미성숙한 그리스도인들은 육신적이며, 몸이 다스리는 그리스도인들입니다. 바울은 고린도인들에게 "너희가 아직도 육신적이다…"(고전 3:3)라고 말했습니다. 이 구절을 어떤 번역본은 "너희는 몸이 지배하는 사람이다"라고 번역했습니다. 다른 말로 하면, 그들은 그리스도 안에서 새로운 피조물이 되었음에도 불구하고 그들의 몸은 새롭게 되지 않은 마음을 통하여 그들의 영을 다스리고 있는 것입니다. 그들은 영적으로 발전하지 않은 사람들입니다.

많은 그리스도인들이 영적인 어린아이로서 살다가 죽습니다.

이런 사람들에게 믿음으로 사는 것은 항상 막연합니다. 그들은 믿음을 결코 이해하지 못합니다. 성경은 우리가 보는 것으로 말미암지 않고 믿음으로 말미암아 살아야 한다고 말하고 있기 때문에 우리는 믿음으로 사는 것을 배우지 않고는 그리스도인으로 온전하게 살 수 없습니다.

육신으로 사는 사람은 불신앙 속에 살며 항상 전쟁을 하고 있습니다. 이런 사람들에게 삶은 전쟁입니다. 그들의 마음은 하나님의 말씀으로 새롭게 된 적이 없고, 그들은 예수님께서 이미 전쟁을 승리하셨다는 것도 모릅니다. 그들은 마귀는 실패한 적이라는 것을 모릅니다. 그들은 여전히 자기 자신의 힘으로 마귀와 싸우려고 하고 있고, 어떤 사람들은 완전히 탈진하여 대항할 힘이 없을 때까지 싸웠습니다.

그러나 하나님의 말씀으로 마음을 새롭게 하면 새롭게 된 마음을 통하여 그의 영이 몸을 다스릴 수 있게 됩니다. 말씀을 알고 있기 때문에 혼(마음)은 이제 영의 편을 들게 될 것입니다. 혼은 말씀으로 새롭게 됩니다. 새롭게 된 혼(마음)은 영이 다스리도록 허락할 것입니다. 그러면 하나님의 말씀이 그 사람의 영을 통하여 지배하게 될 것입니다.

02

하나님의 말씀을 묵상하라
(Meditate in the Word of God)

앞 장에서 말한 것과 같이 사람의 혼, 즉 마음을 훈련하고 교육할 수 있는 것과 마찬가지로 사람의 영도 훈련하고 교육할 수 있습니다.

북아메리카를 가로질러 다니면서 "세 차원을 가진 인간"이란 주제로 세미나를 할 때 나는 신자들이 자신의 영의 삶을 개발할 수 있도록 도와주기 위해서 네 개로 된 공식을 사용했습니다.

우리가 어떤 공식을 사용하든지 그것은 무엇보다도 하나님의 말씀에 근거를 두어야 할 것입니다. 예수님은 이렇게 말씀하셨습니다. "사람이 떡으로만 살 것이 아니요 하나님의 입으로부터 나오는 모든 말씀으로 살 것이라"(마 4:4) 하나님의 말씀은 영의 양식입니다. 하나님의 말씀은 우리의 혼을 튼튼하게 합니다.

하나님은 영이십니다. 하나님의 형상을 따라 같은 모양으로 지음 받은 사람도 영적인 피조물입니다. 사람은 하나님과 같은 존재입니다the same class of being. 사람이 하나님과 같다고 말하지 않은 것을 주의하십시오. 그러나 사람은 영적인 존재이기 때문에 하나님과 교통할 수 있습니다. 사람은 혼을 가지고 있으면서 몸 안에 살고 있는 영입니다.

사람을 창조하실 때 하나님께서는 하나님과 교제를 하고 싶어 하는 열망, 심령의 갈망a heart hunger을 사람 속에 두셨습니다. 그러나 아담이 에덴동산에서 죄를 지었을 때 그의 영은 하나님으로부터 멀어졌습니다.

그러나 자신을 창조하신 분과 교제하고 싶어 하는 이 열망, 심령의 갈망 때문에 사람의 영은 하나님과 떨어져 있는 상태에서 결코 만족할 수 없었습니다. 그래서 사람들은 세상에서 쾌락과 물질적인 것을 추구하는 것입니다. 사람은 자기 안에 있는 심령의 갈망을 만족시켜 줄 것을 찾기 위해 애를 씁니다.

이 갈망 때문에 많은 사람들이 모르고 거짓 사교에 빠지고 세상에 있는 많은 종교를 만들어 냈습니다. 그러나 이 갈망은 우리가 주 예수 그리스도를 알게 되고 영원한 생명을 받게 되기까지는 만족할 수 없는 것입니다. 거듭나게 될 때 우리는 하나님의 자녀가 되고 하나님과 교제가 회복됩니다.

거듭난 사람의 영은 하나님과 접촉하는 부분입니다.

고린도후서 5장 17절에서 보는 바와 같이 새로운 탄생을 통하여 사람의 영은 새로운 피조물이 됩니다. "그런즉 누구든지 그리스도 안에 있으면 새로운 피조물이라." 다른 현대의 번역본은 이 구절을 이렇게 번역하였습니다. "그러므로 누구든지 그리스도 안에 있는 사람은 새로운 자아를 가진 사람이 됩니다." 우리는 과거의 그런 자아를 가진 사람이 아니라 새로운 자아를 가진 사람이 되었습니다.

그리스도 예수 안에서 새 사람이 된 이 사람이 우리의 사고 과정과 몸을 지배해야만 합니다. 그럼에도 불구하고 너무나 많은 거듭난 그리스도인들이, 물론 성령 세례까지 받은 그리스도인들도 여전히 영적으로 개발되지 않은 어린아이 그리스도인으로 남아 있습니다.

고린도 교회가 이런 교회였습니다. 그들은 성령을 받았으며 성령의 은사들이 그들 가운데 역사하고 있었습니다. 바울은 "너희가 모든 은사에 부족함이 없이"(고전 1:7)라고 말하면서 아직도 어린아이 그리스도인인 것을 책망했습니다.

어떤 사람들은 성령의 은사가 나타난다고 해서 그런 사람을 성숙한 그리스도인이라고 믿습니다. 그러나 어린아이 그리스도인들도 역시 그들의 삶 가운데 성령의 은사가 나타날 수 있습니다. 나도 영적인 어린아이들의 입에서 기적적인 말씀들이 나오는 것을 들었습니다. 그러나 영적인 은사가 나타나는 것이 그 사람을 성숙한 그리스도인이 되게 하는 것이 아닙니다. 누구나 다 영적으로 성장하기 위해서는 자신의 영을 훈련해야만 합니다.

미성숙한 그리스도인들을 통하여 나타나는 성령의 은사들이라고 해서 진짜 은사가 아니라는 말이 아닙니다. 하나님께서 우리를 사용하실만할 때까지 우리를 기다리셔야 한다면 하나님께서는 우리들 중 누구도 사용하실 수 없을 것입니다! (사실 하나님은 사도들도 사용하실 수 없었을 것입니다. 그들도 완전하지 않았기 때문입니다.)

신자들의 구원 경험과 성령 세례를 받은 경험이 자신의 몸과 마음에 영향을 끼치지 않는 한 그들은 어린아이 그리스도인입니다.

앞에서 언급한 바와 같이 성경은 우리가 스스로 우리의 몸과 마음을 가지고 무엇을 해야 한다고 말하고 있습니다. "그러므로 형제들아 내가 하나님의 모든 자비하심으로 너희를 권하노니 너희 몸을 하나님이 기뻐하시는 거룩한 산 제물로 드리라 이는 너희가 드릴 영적(합당한) 예배니라 너희는 이 세대를 본받지 말고 오직 마음을 새롭게 함으로 변화를 받아

하나님의 선하시고 기뻐하시고 온전하신 뜻이 무엇인지 분별하도록 하라"(롬 12:1-2)

우리가 하나님으로부터 태어날 때 우리는 우리 안에 하나님의 생명을 소유하게 되고, 성령님은 우리를 도와주시고 충만하게 하기 위해 들어오십니다. 성령님은 우리를 돕는 분이십니다. 성령님은 우리가 살아 있는 희생 제물로 하나님께 우리의 몸을 드리도록 도와주실 것입니다.

하나님의 말씀은 우리 안에 있는 새 사람인 우리의 영의 본성을 개발하도록 성령님에 의해 우리에게 주어진 것입니다. 우리가 우리의 영을 훈련하고 교육하기 바란다면 네 부분으로 된 공식의 첫 번째 걸음은 하나님의 말씀을 묵상하는 것입니다.

"묵상하다meditate"라는 말이 의미하는 바를 명확하게 하기 위해서 여호수아를 봅시다. 하나님께서 여호수아를 모세의 후계자로서 지명하여 이스라엘의 자녀들을 인도하도록 하셨을 때 하나님은 그에게 이렇게 말씀하셨습니다. "이 율법책을 네 입에서 떠나지 말게 하며 주야로 그것을 묵상하여 그 안에 기록된 대로 다 지켜 행하라 그리하면 네 길이 평탄하게 될 것이며 네가 형통하리라"(수 1:8)

번영하기를 원하십니까? 이 구절에서 하나님은 어떻게 하면 번영할 수 있는지 말씀하십니다. 하나님의 말씀이 우리의 심령heart에 가득하여 "주야로 묵상하는" 정도가 되면 우리는 번영하게 될 것이라고 말씀하십니다. 하나님의 말씀으로 가득한 사람이 영적으로도 형통하게 되리라는 것은 말할 필요도 없습니다. 여기서 내가 강조하고 싶은 점은 영적인 번영은 물론 육체적인 번영의 약속도 마찬가지라는 것입니다.

흔히 우리는 "하나님께서 우리를 번영하게 하신다"라고 말합니다. 그러나 하나님의 공식을 따르지 않고 이런 기도를 하는 것은 역사하지 않습니다. 하나님의 공식은 하나님의 말씀을 통해서 됩니다.

하나님은 이 세상의 삶에서도 성공을 약속하셨습니다. 다른 번역본은 이렇게 번역했습니다. "…그러면 삶의 문제들을 네가 지혜롭게 다룰 수 있게 될 것이다."

우리들 대부분은 살아가면서 실수를 하게 마련입니다. 사업에서도 실수를 하여 돈을 많이 잃기도 하고, 버는 것보다 더 많이 낭비를 하기도 합니다. 우리는 인생의 문제들을 지혜롭게 다루지 못했습니다.

그러나 우리가 하나님의 계획, 즉 성공적인 삶을 위한 하나님의 가르침을 잘 따른다면 우리는 이런 실수들을 하지 않을 것입니다. 우리는 인생의 문제들을 지혜롭게 다룰 수 있게 됩니다. 우리는 성공적인 사람이 되고 번영하게 됩니다. 그러나 우리가 이렇게 하지 않는다면 우리는 우리 자신 외에는 아무도 탓할 수 없을 것입니다. 왜냐하면 하나님은 우리가 성공할 수 있는 길을 제공하셨기 때문입니다.

　하나님이 하실 일과 우리가 해야 할 일이 있습니다. 너무나도 많은 경우에 우리는 하나님의 말씀을 무시하고 단지 기도만 함으로써 목적을 이루려고 합니다. 큰 소리로 오래 기도하고, 더 많은 사람이 기도한다면 될 것으로 생각합니다. 그러나 그렇게 되는 것이 아닙니다.

　기도가 하는 역할이 따로 있습니다. 나는 결코 조금도 기도의 중요성을 무시하는 사람이 아닙니다. 그렇지만 우리가 하나님께서 하라고 하신 것을 하지 않으면 우리는 하나님께 우리를 번영하게 해 달라고 영원히 기도한다고 해도, 우리가 알고 있는 모든 목사님들을 설득해서 우리를 위해 기도해 달라고 부탁해서 그들이 모두 기도를 한다고 해도 우리는 처음 시작했을 때와 조금도 달라지는 것이 없을 것입니다.

　예를 들면, 누군가 털사에서 오클라호마 씨티까지 어떻게 가느냐고 물었다고 합시다. 나는 가장 빠른 방법은 유료 고속도로를 사용하는 것이라고 말해줄 것입니다. 유료 고속도로로 가려면 어디로 가야하느냐고 그가 물으면 나는 어떻게 갈 수 있는지 정확하게 알려 줄 것입니다.

　나중에 이 사람이 기도회에 참석해서 이렇게 기도부탁을 했다고 가정해 봅시다. "일전에 해긴 형제가 내게 오클라호마 씨티로 가려면 유료 고속도로를 이용하라고 말해 주었습니다.

뿐만 아니라 어떻게 하면 유료 고속도로를 찾아 갈 수 있는지 내게 정확하게 말해 주었습니다. 그렇지만 나는 여러분들이 모두 내가 오클라호마 씨티에 갈 수 있도록 기도해 주기를 부탁 드립니다. 내 생각에는 제가 금식도 좀 해야 할 것 같습니다." 우리는 모두 거기서 금식하며 기도할 수도 있습니다만 안내해준 대로 행동으로 옮기지 않는다면 그는 결코 오클라호마 씨티에 갈 수 없을 것입니다.

우리도 이와 같은 행동을 하고 있습니다. 하나님께서 그분의 말씀을 통해서 우리에게 주신 안내 사항에는 관심을 갖지도 않고 우리는 이렇게 기도합니다. "하나님, 우리를 축복해 주십시오. 우리가 성공하게 해 주십시오. 우리에게 승리를 주십시오. 우리가 번영하게 해 주십시오." 우리가 잠잠하여져서 하나님께서 우리의 주의를 끌 수만 있게 된다면 우리는 그분의 성령께서 우리 영 안에서 그분의 말씀을 즉시 전해 주는 것을 들을 수 있게 될 것입니다.

예수님은 이렇게 말씀하셨습니다. "내가 너희에게 이른 말이 영이요 생명이니라"(요 6:63) 주님은 또한 이런 말씀도 하셨습니다. "천지는 없어질지언정 내 말은 없어지지 아니하리라"(마 24:35)

성경은 하나님께서는 말씀을 주의 모든 이름보다 높게 하셨다고 말하고 있습니다(시 138:2).

그러므로 우리의 영을 개발하는 첫 단계는 하나님의 말씀을 묵상하기 위해 시간을 들이는 것입니다. 신약 성경은 영적인 삶의 개발에 관해서 탁월한 가르침을 포함하고 있습니다.

은혜의 시대에 살고 있는 우리는 더 좋은 약속에 근거한 더 좋은 언약을 가지고 있기 때문에 유익이 많습니다. 구약 시대에 살던 신자들도 하는 일에 번영하고 성공을 누렸다면, 더 좋은 약속에 근거한 더 좋은 언약을 가진 우리들이야말로 어떤 것을 기대할 수 있겠습니까? 우리들이야말로 최고의 번영과 최고의 성공을 누려야 마땅합니다!

예수님은 이렇게 말씀하셨습니다. "내가 아버지께 구하겠으니 그가 또 다른 보혜사를 너희에게 주사 영원토록 너희와 함께 있게 하리니 그는 진리의 영이라 세상은 능히 그를 받지 못하나니 이는 그를 보지도 못하고 알지도 못함이라 그러나 너희는 그를 아나니 그는 너희와 함께 거하심이요 또 너희 속에 계시겠음이라"(요 14:16, 17)

성령님께서 당신 안에 거하시게 된다면 거기서 무엇을 하신다고 했습니까? 요한은 이렇게 썼습니다. "그러나 진리의 성령이 오시면 그가 너희를 모든 진리 가운데로 인도하시리니 그가 스스로 말하지 않고 오직 들은 것을 말하며 장래 일을 너희에게 알리시리라 그가 내 영광을 나타내리니 내 것을 가지고 너희에게 알리시겠음이라"(요 16:13-14)

대부분의 성령 세례를 받은 그리스도인들도 그들이 가지고 있는 것이 무엇인지 모르기 때문에 그리스도 안에 있는 특권과 자신들의 권리에 걸 맞는 삶을 살지 못하고 있습니다. 내주하시는 성령님으로 말미암아 당연히 있어야 할 영의 개발을 왜 그들은 놓쳤을까요? 마귀가 할 수만 있으면 이 진리를 신자들이 모르도록 했기 때문입니다. 마귀는 우리가 곁길로 잘못 가거나 다른 영역에 있도록 하려고 애쓸 것입니다.

나는 사람들이 성령 충만을 받았다고 간증하고 나서 5분 후에는 강대상 앞으로 나와서 "주님, 내게 능력을 주시옵소서."라고 기도하는 것을 보았습니다. 당신이 성령님을 모시고 있다면 당신 안에 발전소를 가지고 있는 것입니다! 성령님과 협력하는 법을 배우고, 그 분이 당신 안에서 무엇을 하려고 하는지 알고, 그분의 음성을 듣는 법을 배우십시오. 성령님은 거기 계시며 당신을 모든 진리 가운데로 인도하실 것입니다.

뿐만 아니라 당신은 성령님은 또한 신사적인 분이시라는 것을 알아야 합니다. 그분은 당신이 원하지 않거나 요구하지 않으면 들어오시지 않을 것입니다. 그분은 빼앗아 주관하는 분이 아닙니다. 그분은 우리가 그분에게 반응을 보일 때만 우리를 도와주실 수 있습니다. 하나님의 능력은 믿음을 실행하기까지는 수동적입니다.

집회에 나가기 전에 나는 종종 스스로 이렇게 말합니다.

"내 안에 계신 분이 세상에 있는 자보다 크시다. 더 크신 분이 내 안에 계신다."

내 능력으로는 부족한 일을 해야 할 때 나는 성령님이 내 안에 계신다는 사실을 기억합니다. 나는 이렇게 생각합니다. "내 안에 계신 분이 더 크신 분이다. 그분은 세상에 있는 마귀보다 크시다. 그분은 세상에 있는 미움보다 더 크시다. 더 크신 분이 내 안에 계신다."

이렇게 말을 하면 나는 내 안에서 내 마음에 조명을 비추고, 내 영에 지시를 내리시는 성령님의 능력이 올라오는 것을 느낍니다. 나는 정복자가 되어 마귀와 그 졸개들을 짓밟고 바로 행진할 수 있습니다. 더 크신 분이 내 안에 계시며 그분이 세상에 있는 자보다 더 크시다는 것을 나는 일찍이 배웠습니다.

그러므로 시간을 들여서 하나님의 말씀, 특히 새 언약, 즉 신약 성경의 말씀을 묵상합시다. 이렇게 하면 우리의 영의 본성이 개발될 것입니다.

03

하나님의 말씀을 실천하라
(Practice the Word of God)

   사람의 영을 개발하는 네 가지 방법 중에 두 번째는 하나님의 말씀을 실천하는 것입니다.
   지난 장에서 하나님의 말씀을 묵상하는 것의 중요성을 살펴보았습니다. 하나님의 말씀이 한 번 우리의 영과 마음에 굳게 거하기 시작하면 이 말씀을 실천에 옮기는 것도 똑같이 중요합니다. 야고보는 이렇게 기록하였습니다. "너희는 말씀을 행하는 자가 되고 듣기만 하여 자신을 속이는 자가 되지 말라" (약 1:22)
   야고보서 앞부분에는 이런 말씀이 있습니다. "너희 영혼을 능히 구원할 바 마음에 심어진 말씀을 온유함으로 받으라 너희는 말씀을 행하는 자가 되고 듣기만 하여 자신을 속이는 자가 되지 말라 누구든지 말씀을 듣고 행하지 아니하면 그는 거울로 자기의 생긴 얼굴을 보는 사람과 같아서 제 자신을 보고 가서 그 모습이 어떠했는지를 곧 잊어버리거니와"(약 1:21-24)

야고보는 우리가 말씀을 받았으면 말씀을 믿고 행하는 것, 즉 실천에 옮겨야 한다고 말했습니다. 우리는 하나님의 말씀을 묵상하고 그 뜻하는 바를 알 수 있게 됩니다만 실제로 그 말씀대로 살지 않으면 아무 소용이 없습니다.

하나님께서 여호수아에게 "밤낮으로" 말씀을 묵상하라고 말씀하셨을 때 하나님은 이어서 "네가 지켜 행하면"이라고 말씀하셨습니다. 이는 다른 말로 하면, 말씀을 읽고 묵상하였으면 행하라는 것입니다.

말씀을 행하는 사람은 말씀을 실천하는 사람입니다. 듣기만 하는 사람은 많으나 말씀을 실천하는 사람은 적습니다. 사람들은 말씀을 듣고 동의하여 고개를 끄덕이며 "아멘. 형제님, 그 말씀은 진리입니다."라고 말은 하지만 나가서 행동으로 옮기지는 않습니다. 말씀을 우리의 삶에 적용하기 전에는 말씀이 우리의 삶에 영향을 끼칠 수 없습니다.

어떻게 "말씀을 실천"할 수 있을까요? 야고보가 우리가 말씀을 행하는 사람이 되어야 한다고 했을 때 그것이 무엇을 뜻하는 것이었을까요? 십계명을 지켜야 한다는 말이었을까요? 그렇지 않습니다. 그가 말하고 있는 것은 그것이 아닙니다.

실제로 십계명은 영적으로 죽은 사람들을 위해 주어진 것이었으며 야고보의 편지를 읽는 사람들은 영적으로 살아 있는 거듭난 성도들이었습니다.

"그러면 우리는 십계명을 지키지 않아도 된다는 말입니까?" 어떤 사람은 이렇게 질문할 수도 있습니다.

새 언약(신약 성경) 아래서 우리는 새로운 계명을 받았습니다. 예수님께서 말씀하셨습니다. "새 계명을 너희에게 주노니 서로 사랑하라 내가 너희를 사랑한 것 같이 너희도 서로 사랑하라"(요 13:34)

사랑이라는 새 계명에 순종하게 되면 모든 다른 계명은 다 포함되어 버립니다. 가슴에 하나님의 사랑을 가진 사람은 다른 사람의 것을 훔치지 않을 것이며, 형제를 미워하지 않으며, 살인하지 않을 것입니다. 사랑은 주는 것이지 훔치는 것이 아닙니다. 하나님은 세상을 너무나 사랑하셔서 자기 아들을 죽도록 내어 주심으로 우리를 살게 하셨습니다.

야고보는 또한 사람이 말씀을 듣기만 하고 행하는 자가 되지 않으면 그는 자신을 속이는 사람이라고 말했습니다. 이 세상에는 스스로 속는 사람이 많이 있습니다. 마귀가 그들을 속이거나 미혹하는 것이 아니라 그들 스스로 속고 미혹되어 있는 것입니다!

야고보가 우리가 말씀을 행하는 자가 되어야 한다고 말하는 것은 하나님의 말씀을 실천하라는 말이며, 날마다 우리의 일상 생활 속에서 그렇게 살아간다는 말입니다. 우리는 새 언약의 빛 가운데서 살아야 합니다.

50년 전 침대에 누워 꼼짝 못하고 있던 때 나는 이것을 배웠습니다. 나는 그때까지 늘 걱정하는 사람이었기 때문에 처음에는 나도 말씀을 행동으로 옮기는데 어려움이 있었습니다.

"그러므로 내가 너희에게 이르노니 목숨을 위하여 무엇을 먹을까 무엇을 마실까 몸을 위하여 무엇을 입을까 염려하지 말라 목숨이 음식보다 중하지 아니하며 몸이 의복보다 중하지 아니하냐… 너희 하늘 아버지께서 이 모든 것이 너희에게 있어야 할 줄을 아시느니라"(마 6:25, 32) 이 성경 말씀을 읽었을 때 내가 가진 성경에는 난하주가 있었는데 빌립보서 4장 6절을 참고하라고 되어 있었습니다. 이 구절은 "아무것도 염려하지 말고…"라고 말하고 있습니다. 다른 말로 하면 어떤 것도 걱정하지 말라는 것입니다. 모든 것을 하나님의 손에 맡기라는 말입니다.

나는 주님께 이렇게 말했습니다. "주님, 어떻게 아무것도 염려하지 않고 살 수가 있습니까? 나는 염려하지 않고는 살 수가 없습니다!" 나의 어머니와 할머니는 염려하고 걱정하는 데는 챔피언이었습니다. 두 분을 보고 자라면서 나는 걱정하는 것을 배웠던 것입니다. 나는 심장병으로 거의 죽을 뻔하였고 무덤에 갈 때까지 남은 인생을 나 자신을 염려하며 살아 왔었습니다.

내 성경의 다른 난하주는 베드로전서 5장 7절을 참고하라고 되어 있었습니다. "너희 염려를 다 주께 맡기라 이는 그가 너희를 돌보심이라."

하나님께서 이미 말씀을 통해서 어떻게 하라고 하셨기 때문에 나는 그렇게 했습니다. 나는 그 말씀을 실천하였습니다. 나는 나의 모든 염려, 걱정거리를 주님께 맡겼습니다.

그리고 나는 야고보가 이렇게 말한 부분을 읽었습니다. "내 형제들아 너희가 여러 가지 시험을 당하거든 온전히 기쁘게 여기라 이는 너희 믿음의 시련이 인내를 만들어 내는 줄 너희가 앎이라"(약 1:2-3) 여기서 "시험temptations"이라고 번역한 그리스어는 "시험tests"이나 "시련trials"을 의미합니다.

고지서 대금도 내고, 아이들은 건강하고, 주머니에 돈도 있고, 모든 일이 잘 되어갈 때 기뻐하라고 한 것이 아닙니다. 야고보는 우리가 살아가면서 시험과 시련을 만날 때 기쁘게 여기라고 말하고 있습니다. 왜 그랬을까요? 왜냐하면 어려움을 통해서 승리를 맛볼 수 있기 때문입니다.

당신은 당신이 당면한 시련을 기쁘게 여기고 있습니까? 기쁘게 여겨야 합니다. 한 번 기쁘게 여겨 보십시오. 큰 차이가 여기서 생긴다는 것을 당신은 발견하게 될 것입니다.

나는 환자였지만 기쁘게 여김으로써 이 말씀이 진리라는 것을 발견하였습니다. 우리는 어떤 어려운 경우에도 하나님께 감사할 수 있습니다. 우리는 모든 시험과 시련에 대하여 감사할 수 있습니다.

이렇게 하는 것이 바로 야고보가 말한 말씀을 행하는 자가 되는 것입니다. 이것은 우리 스스로를 위하여 우리가 해야 하는 것입니다. 우리는 믿음과 기도로써 일시적으로 서로 도울 수는 있지만 내가 당신을 대신해서 말씀을 행하는 사람이 되어 줄 수는 없습니다.

하나님께서는 가끔 가다가 복을 주시는 것이 아니라 우리에게 더 좋은 것을 주셔서 나는 기쁩니다. 믿음으로 사는 것은 삶 전체를 가리키는 것입니다.

우리는 우리의 영의 삶을 발전시키는 것을 살펴보았습니다. 우리는 말씀을 묵상하는 것으로 시작해서 말씀을 우리 매일의 삶 가운데서 적용하는 것을 살펴보았습니다. 이렇게 할 때 우리의 속 사람이 개발됩니다. 속 사람이 겉 사람을 지배하게 될 것입니다.

우리의 마음을 하나님의 말씀으로 새롭게 하면 밖에서 오는 걱정거리가 우리를 지배할 수 없습니다.

04

하나님의 말씀을 가장 중요하게 여기십시오
(Give First Place to the Word of God)

    지금까지 우리가 다룬 사람의 영을 개발하는 방법 두 가지는 하나님의 말씀을 중심으로 한 것이었습니다. 예수님은 이렇게 말씀하셨습니다. "예수께서 대답하여 이르시되 기록되었으되 사람이 떡으로만 살 것이 아니요 하나님의 입으로부터 나오는 모든 말씀으로 살 것이라 하였느니라 하시니"(마 4:4) 다른 곳에서는 이런 말씀도 하셨습니다. "살리는 것은 영이니 육은 무익하니라 내가 너희에게 이른 말은 영이요 생명이라"(요 6:63)

    성경은 또한 우리에게 이렇게 말하고 있습니다. "그러므로 모든 육체는 풀과 같고 그 모든 영광은 풀의 꽃과 같으니 풀은

마르고 꽃은 떨어지되 오직 주의 말씀은 세세토록 있도다 하였으니 너희에게 전한 복음이 곧 이 말씀이니라"(벧전 1:24-25)

성경은 예수님에 관해서 말하면서 예수님은 "더 좋은 언약의 보증"이라고 했습니다(히 7:22). 새 언약(신약)은 더 좋은 언약입니다. 예수님은 이 더 좋은 언약의 보증이십니다. 이 말은 마태복음에서부터 계시록까지 모든 말씀이 이루어지도록 예수님께서 이 말씀 뒤에 계신다는 말입니다.

예레미야 1장 12절은 이렇게 말하고 있습니다. "여호와께서 내게 이르시되 네가 잘 보았도다 이는 내가 내 말을 지켜 그대로 이루려 함이라 하시니라." 다른 어떤 번역본은 이렇게 번역하고 있습니다. "나는 나의 말이 이루어지도록 지켜보겠다." 다른 말로 하면, 주님께서 주의 말씀대로 되도록, 주의 말씀이 이루어지도록 지켜보신다는 것입니다. 우리가 하나님의 말씀을 행하지 않는다면, 하나님의 말씀을 실천하지 않는다면, 하나님은 우리의 삶에서 이루어지도록 할 수 있는 것이 아무 것도 없습니다. 우리가 하나님의 말씀을 믿고 하나님의 말씀을 행하는 사람이 되지 않는다면 하나님은 지켜 볼 것도 없고, 이루어지도록 서두를 일도 없습니다. 그러나 우리가 하나님의 말씀을 지킨다면 하나님께서도 우리를 지켜주실 것입니다.

이와 같이 말씀은 우리의 거듭난 영spirit nature을 강하게 세우도록 주어진 것이기 때문에 우리의 영의 개발은 하나님의 말씀에 달려있습니다.

이 네 가지 공식 중에서 세 번째는 당신의 삶에서 하나님 말씀을 가장 중요하게 여기는 것입니다.

앞 장에서 언급한 것과 같이 무엇보다도 우리는 하나님의 말씀을 묵상해야 합니다. 하나님의 말씀을 모른다면 말씀을 실천할 수도 없고 말씀을 행하는 사람이 될 수도 없습니다. 말씀은 우리가 그 의미를 알고 그 말씀대로 행동할 때까지는 우리에게 실제적인 것이 되지 못합니다.

다음으로 우리는 우리의 삶에서 하나님의 말씀을 가장 중요하게 여겨야 합니다. 우리가 어떤 상황을 대면하든지 제일 먼저 우리의 생각이 하나님의 말씀은 뭐라고 말하고 있는 가를 생각할 정도로 우리는 말씀을 의식할 수 있게 되어야 합니다.

그렇지만 그런 그리스도인들은 별로 없습니다. 위급한 일들이 터지면 자신들의 영을 하나님의 말씀으로 푹 젖도록 해 놓지 않았고, 하나님의 말씀을 자신들의 영에 붙잡아 놓지도 않았기 때문에 대부분의 그리스도인들은 자연적인 관점에서 반응을 합니다. 그러므로 자연적인 것이 마음에 떠오르고 하나님의 말씀이 말하고 있는 것 이외에 다른 것을 하려고 서두릅니다.

우리는 하나님의 말씀이 우리의 내적 본성의 일부가 될 때까지 하나님의 말씀을 먹어 두어서 어떤 상황에서든지 어떤 위급한 일을 만나든지 제일 먼저 생각나는 것이 하나님의 말씀은 뭐라고 하셨는지가 되도록 할 수 있습니다. 우리의 내적 본성이 된 말씀은 우리 안에서 일어나서 우리 마음을 조명하고 우리 영에게 방향을 제시해 줄 것입니다.

그리스도인들은 흔히 어떤 주제에 관하여 하나님이 말씀하신 것에 귀를 기울이는 대신 다른 사람들의 조언을 얻으려고 합니다. 목사님들을 포함해서 사람들이 하나님의 말씀에서 나온 조언을 당신에게 하지 않는다면 그들의 조언은 매우 빈약한 것입니다. 때때로 좋은 의도로 하는 말이지만 하나님의 말씀에 조심스럽게 조율되지 않은 동료 그리스도인들의 조언을 따르다가는 정말 큰 어려움을 당하는 수가 있습니다. 나도 한 번 그렇게 했다가 거의 죽을 뻔한 적이 있습니다.

수년 동안 목사로서 여러 교회를 섬긴 뒤에 나는 주님께서 순회 사역으로 나를 부르신 것을 느꼈습니다. 순회 사역은 주님이 원하시는 것이었지 제가 원하던 것은 아니었습니다. 나는 계속 목사로서 교회를 섬기기를 바랐습니다.

목사로서 한 교회를 섬기는 것은 어느 정도의 안정과 같은 순회 사역이 제공할 수 없는 보상이 있습니다. 더 중요한 것은 우리 아이들이 어렸었기 때문에 나는 나의 가족과 함께 집에 있는 것을 더 좋아했습니다. 그러나 나는 하나님께서 내 영에 말씀하시는 것을 느끼고 마침내 순종하여 복음 전도 사역으로 순회 사역을 떠나게 되었습니다.

하나님께서 우리를 불러 시키는 일을 하러 나갈 때는 모든 일이 항상 매끄럽게 잘 되리라고만 생각해서는 안됩니다. 더욱이 일이 잘되거나 안되는 것을 따라 우리가 하나님의 뜻 가운데 있는지를 판단할 수는 없습니다.

이런 경우에는 환경만이 하나님의 뜻을 결정하게 되고 그렇다면 바울은 한 번도 하나님의 뜻 가운데 있었던 적이 없었으며 처음부터 끝까지 하나님의 뜻을 놓친 것입니다!

결코 그렇지 않습니다. 마귀가 이 세상의 신입니다. 우리가 하나님을 따라 살려고 결단을 하면 마귀가 우리와 대항하게 될 것입니다.

매달 마귀가 방해하는 집회를 계속하면서, 심각한 재정적인 싸움을 하면서 순회 복음 전도자로서 일곱 달 동안 일을 하고 난 후에 나는 돌아가서 목사로서 교회를 섬기기로 결정하였습니다. ("내가 결정"하였지 "주님이 결정"하지 않았다는 사실을 주의하십시오.)

동부 텍사스에 있는 상당히 큰, 잘 되는 교회에서 그들의 목사가 되어 줄 것을 고려하면서 그들을 위해 설교를 해달라는 전화가 왔습니다. 그들은 매월 담임목사에게 750달러에서

1100달러 정도의 사례비를 드렸습니다. 1949년도니까 그 당시 돈의 가치가 지금보다 훨씬 컸을 때입니다! 그 교회는 사택도 준비되어 있었습니다.

자연적인 관점에서만 본다면 이 제안은 매력적이었습니다. 나는 이전에 그 교회에서 설교한 적이 있었습니다. 나는 그 성도들을 좋아했고 그들도 나를 좋아했습니다. 그들은 그들 가운데 성령의 은사들이 나타나고 성령이 역사하는 것을 믿었습니다. 기적이 보통으로 일어나는 교회였습니다.

만일 하나님께서 나를 이 교회로 인도하신다면 이 교회를 담임목사로서 섬기는 것보다 내가 더 좋아할 것이 없었습니다. 하나님의 소원은 생각도 하지 않고 나는 그들의 초청을 받아들여야겠다고, 또 적어도 그들을 위해 설교하러 가야겠다고 생각했습니다.

그리고 나서 바로 한 주일을 비워서 나는 아내와 함께 차를 몰고 이웃에 있는 한 교회로 갔습니다. 우리는 주일학교 시간에 맞추어 그 교회에 도착하였습니다. 나는 성경 공부하는 교실의 맨 앞좌석에 앉아 있었는데 그 때 가르치는 내용이 얼마나 나에게 꼭 맞는지 나는 놀랐습니다.

그날 성경 공부 주제는 하나님께서 모세에게 바위를 향하여 말하라고 하였는데 모세가 바위를 침으로써 어떻게 하나님께 불순종하게 되었는지에 관한 것이었습니다. 그 주일 학교

교사는 이스라엘 자녀들이 여행길의 어려움으로 인하여 얼마나 낙심하게 되었는지도 언급하였습니다. 나는 이 말씀이 얼마나 나의 상황에 꼭 맞는 말씀인지 생각하면서 내 자리에 앉아서 괴로워하고 있었습니다.

갑자기 내 심장은 박동을 멈추었고 나는 의자에서 바닥으로 떨어졌습니다! 이어서 나의 심장은 빠른 박동으로 일정하지 않게 뛰기 시작했습니다. 내게는 일 분에 200~300번의 맥박이 뛰는 것이 보였습니다. 얼마나 빠른지 시간을 잴 수 없을 것 같았습니다.

그 자리에 있던 어떤 목사님이 나의 맥박을 재어 보더니 "맥박을 구별할 수가 없는데요. 우리가 느낄 수 있는 것은 오직 부르르 떨리는 것뿐입니다."라고 말했습니다.

나의 온 몸은 얼음장처럼 차게 되었습니다. 열여섯 살 때 심장병으로 고통을 받을 때 나는 두 번 죽었었기 때문에 이번에도 죽음이 내게 왔다는 것을 알았습니다.

그들은 나를 목사관으로 옮겨놓고 주일 학교 여자 반에 있던 나의 아내를 불렀습니다. 아내는 내가 있는 방에 들어서자마자 내 침대 곁에 무릎을 꿇더니 울면서 이렇게 말했습니다. "이 모든 것이 내 잘못입니다."

이어서 아내는 내가 오랫동안 집을 떠나 있는 것에 관하여 주님께 불만을 품고 불평을 해왔다고 내게 말했습니다. 그러나 아내는 내게는 한 마디도 그런 말을 한 적이 없었습니다. 하루는 아내가 설거지를 하고 있다가 "네 남편이 다시는 돌아 올 수 없는 곳으로도 나는 그를 데려 갈 수 있다."라고 하는 한 음성을 들었다고 말한 적이 있었습니다. 아내는 깜짝 놀랐지만 자기가 상상해서 그런 것이라고 여기고 그냥 무시해 버렸습니다.

침대 곁에 무릎을 꿇고서 아내는 이런 순복하는 기도를 드렸습니다. "주님, 주님께서 내 남편의 목숨만 살려주신다면 주님의 뜻대로 어디로 가든지 얼마나 오랫동안 가 있든지 상관하지 않겠습니다. 다시는 불평하지 않겠습니다."

그리고 나서 주님은 어디서 내가 잘못 했는지 내게도 보여 주셨습니다. 우리 두 사람이 무엇이든지 주님의 뜻을 행하겠다고 주님께 새로운 헌신을 한 후에 나는 순식간에 나았습니다. 나는 완전히 고침을 받고 침대 밖으로 뛰어 나왔습니다.

어떻게 내가 이런 난관에 봉착하게 되었을까요? 하나님의 말씀에 귀를 기울이며 말씀을 가장 중요하게 여기지 않고 나는 많은 목사님들에게 조언을 구했기 때문이었습니다. 그 목사님들이 내게 해 줄 수 있었던 모든 조언들은 자연적인 충고들 뿐이었습니다. 그들은 이렇게 말했습니다. "당신의 가장 중요한 의무는 당신의 가족입니다. 아직 아이들도 어리기 때문에 자녀들과 함께 집에 있어야 합니다. 순회 사역을 하려고 집을 떠나서는 안됩니다."

이 목사 저 목사가 모두 이렇게 말했고 나는 그들의 조언을 들었습니다. 나는 그 목사님들이 하라는 대로 내가 자연적인 영역에서 하려고 했던 것을 하려고 노력했습니다. 그 결과 나는 거의 죽을 뻔하였습니다. 마침내 나는 사람이 자기 가족에 대한 의무를 다하면서도 하나님께 순종할 수 있다는 것을 배웠습니다.

에베소서 4장 11절은 이렇게 말하고 있습니다. "그가 어떤 사람은 사도로 어떤 사람은 선지자로 어떤 사람은 복음 전하는 자로 어떤 사람은 목사와 교사로 삼으셨으니." 하나님께서는 목사만 자신을 위해서 일하도록 부르시지 않은 것이 분명한데도 많은 사람들은 목사의 사역만이 가장 중요한 사역인 것처럼 행동합니다. 만일 그렇다면 왜 하나님께서는 여기 언급한 다른 사역의 은사들을 교회에 주셨겠습니까? 하나님께서 다른 사역자들도 일하고 지원을 받으라고 하시지 않았습니까?

우리는 하나님의 말씀 안에서 지시를 받을 수 있습니다. 성령의 음성에 귀를 기울인다면 성령님은 하나님의 말씀을 열어서 우리를 지도하실 것입니다. 우리는 삶의 많은 일들에 관하여 하나님의 말씀으로부터 받은 지시가 있습니다. 우리는 단지 그 말씀대로 행하기만 하면 됩니다.

지금 당면한 삶의 문제가 있습니까? 그 문제에 대하여 하나님의 말씀이 무엇이라고 말하고 있는지 찾으십시오. 그 말씀을 묵상하십시오. 그리고 말씀대로 실천하십시오. 그 약속을 행동으로 옮기십시오. 환경이 아니라, 친구나 사랑하는 사람들의 선의의 좋은 조언이 아니라, 당신의 개인적인 느낌이나 원하는 것이 아니라, 하나님의 말씀을 가장 중요하게 여기십시오.

당신의 삶 가운데 생기는 상황에 관하여 "이것에 관해서 하나님의 말씀은 무엇을 말하고 있지?"라고 질문하는 습관을 가지십시오. 너무나 말씀을 의식하여서 자동적으로 자신의 생각과 행동을 하나님의 말씀에 비추어서 하나님의 뜻 가운데 있는지 점검하도록 하십시오. 우리는 인생의 모든 상황에 대한 해답을 하나님의 말씀 안에서 발견하게 될 것입니다.

하나님의 말씀 가운데 한 약속은 "너희 안에 계신 이가 세상에 있는 자보다 크심이라"고 말하고 있습니다(요일 4:4). 당신이 어떤 일을 당하든지 당신 안에 계신 분이 당신이 만난 문제보다 더 크십니다. 이것을 믿으면 당신은 어떤 환경을 만나든지 정복자의 영을 가지고 두려움이 없이 인생을 살 수 있습니다.

고민하고, 불평하고, 안달하고, 초조해 해서는 문제를 해결하지 못합니다.(이렇기 때문에 당신의 문제가 아직 해결되지 않았는지도 모릅니다. 혹시 문제를 가지고 안달하고 있지는 않습니까?) 성경은 우리에게 "아무 것도 염려하지 말라"(빌 4:6)고 말하고 있습니다. 확대 번역본에는 "아무 것도 안달하지 말라"고 번역했습니다.

안달하고 있는 것이 있습니까? 걱정되는 것이 있습니까? 우리는 어떤 것을 걱정하고 안달하면서 왜 하나님께서 이 문제에 대해서 아무 일도 하지 않으실까 하고 궁금해 합니다. 그 이유는 바로 당신이 문제를 가지고 걱정하면서 하나님께서 일하도록 허락하지 않기 때문입니다! 우리는 문제를 하나님께 맡기지 않고 꼭 붙잡고 있습니다. 하나님께서는 그 문제에 관해서 무엇을 하기 원하시지만 우리가 그 문제를 붙잡고 있는 한 하나님은 아무 것도 하실 수 없습니다.

05

당신의 영의 음성에 순종하십시오
(Obey the Voice of Your Spirit)

우리의 영을 개발하는 네 번째 방법은 당신의 영의 음성에 즉시 순종하는 것입니다. 하나님은 우리의 영에 말씀하신다는 것을 잊지 마십시오. 하나님은 우리의 머리나 논리적인 기관에 말하지 않습니다.

잠언 20장 27절은 이렇게 말하고 있습니다. "사람의 영은 여호와의 등불이라 the spirit of man is the candle of the Lord…" 하나님은 우리의 영에게 알려주시고 우리의 영은 그 정보를 우리의 마음에 전달합니다.

사람의 영은 음성을 가지고 있습니다. 우리는 이 음성을 안내, 직감, 내적 음성 혹은 양심이라고 부릅니다. 구원받지 못한 사람의 양심은 안전하지 않은 안내자입니다. 왜냐하면 만약 그 사람이 어떤 "종교적인" 훈련을 받았다면 그는 주로 그가 받은 훈련의 지배를 받게 될 것입니다. 만일 그가 어떤 훈련도 받지 않았다면 그의 양심은 많은 잘못된 것을 행하도록 허락할 것이기 때문입니다.

반면에 어떤 사람이 거듭났다면 그의 영은 하나님의 생명과 본성으로 새롭게 창조되었습니다. 만일 그의 거듭난 영이 하나님의 말씀을 먹게 되고 묵상하는 특권을 가진다면, 그 사람이 자신의 삶에 하나님의 말씀을 최우선 순위에 두고 실천한다면, 그의 양심 즉 그의 영의 음성은 안전한 안내자가 되고 그에게 말씀하시는 하나님의 음성이 될 것입니다.

하나님의 말씀과 기도를 통하여 하나님과 교제하며 동행한다면, 또한 우리의 영의 음성에 즉시 순종함으로써 하나님의 말씀을 통하여 우리의 영을 훈련한다면 어느 정도 시간이 지나면 우리는 삶의 아주 세세한 부분까지도 하나님의 뜻을 알 수 있을 것이라는 것을 나는 믿습니다.

예수님은 이렇게 말씀하셨습니다. "내가 아버지께 구하겠으니 그가 또 다른 보혜사를 너희에게 주사 영원토록 너희와 함께 있게 하리니 그는 진리의 영이라 세상은 능히 그를 받지 못하나니 이는 그를 보지도 못하고 알지도 못함이라 그러나 너희는 그를 아나니 그는 너희와 함께 거하심이요 또 너희 속에 계시겠음이라"(요 14:16, 17) 이어서 이런 말씀도 하셨습니다.

"그러나 진리의 성령이 오시면 그가 너희를 모든 진리 가운데로 인도하시리니…"(요 16:13)

여기서 언급된 이 말씀은 예수님께서 하나님의 위대한 구원 계획에 관해서 사도 바울에게 주신 그 계시만을 언급하는 것이 아니라고 나는 믿습니다. 하나님의 영은 우리 각 사람을 그 사람의 삶의 형편 가운데서 인도할 것이라는 것을 뜻하기도 한다고 나는 믿습니다.

우리는 우리 안에 안내자로서 계신 성령님을 모셨다는 것을 의식하면서 우리의 하루를 시작해야 한다고 나는 믿습니다. 우리는 안내자도 없이 안내지도도 없이 버려져 있는 사람들이 아닙니다. 예수님께서는 성령님에 관해서 이렇게 말씀하셨습니다. "그가 너희를 모든 진리 가운데로 인도하시리라… 그가 장래 일을 알게 하리라"(13절)

예수님은 이 말을 하나님의 영이 서신서와 계시록에 사도들이 기록한 장래에 일어날 일들에 관해서 사도들에게만 보여주겠다는 의미로 말씀하신 것이 아닙니다.

물론 이 말도 한 부분이기는 합니다만 이 구절의 의미는 하나님의 영은 우리들의 삶 가운데서 앞으로 올 일들을 우리에게 보여주겠다는 뜻이기도 합니다. 성령님께서 미래의 이런 일들을 우리에게 보여 주심으로써 우리는 모르고 있다가 당하지 않고 그 일에 대비할 수 있습니다.

성령님은 우리가 변화시킬 수 있는 것들도 보여주실 것입니다. 예를 들면, 하나님께서는 성령님을 통하여 선지자 이사야에게 히스기야 왕에게 이렇게 말하도록 말씀하셨습니다. "여호와의 말씀이 너는 집을 정리하라 네가 죽고 살지 못하리라 하셨다"(왕하 20:1) 그 당시 관례에 의하면 그런 상황 아래서는 히스기야는 죽게 되어 있었습니다.

그러나 이사야가 히스기야의 침실을 떠난 후에 왕은 얼굴을 벽으로 향하고 울고, 회개하고, 기도하였습니다. 이사야가 왕궁을 떠나기도 전에 하나님께서는 이사야에게 앞으로 있을 일에 대한 메시지를 가지고 히스기야에게 돌아가라고 말씀하셨습니다. "너는 돌아가서 내 백성의 주권자 히스기야에게 이르기를 왕의 조상 다윗의 하나님 여호와의 말씀이 내가 네 기도를 들었고 네 눈물을 보았노라 내가 너를 낫게 하리니 네가 삼 일 만에 여호와의 성전에 올라가겠고 내가 네 날에 십오 년을 더할 것이며…"(왕하 20:5, 6)

하나님께서는 때때로 우리의 태도나 기도를 바꿈으로써 변화시킬 수 있는 것들을 우리에게 보여주신다는 것을 우리는 여기서 알 수 있습니다. 하나님은 우리 자신에 관해서나 우리가 사랑하는 사람들에 관해서 변화되어야 할 것들을 우리에게 보여주시기도 합니다. 그렇지만 우리가 변화시킬 수 없는 것들도 있습니다. 그런 일들은 장래에 다가 옵니다.

우리는 그 일들을 대비할 수 있습니다.

우리 영 안에 거하시면서 우리를 인도하시고 앞으로 일어날 일들을 우리에게 보여주시는 이 놀라운 안내자이신 성령님께 나는 매우 감사한 마음을 가지고 있습니다.

오래 전에 성령 충만을 받은 이후로 멀리는 이 년 전까지 내가 미리 알지 못했던 가족의 죽음은 없었습니다. (미리 우리가 사랑하는 가족이 죽을 것이라는 것을 알게 된다면 우리는 그들이 죽음을 대비하여 필요한 것들을 많이 준비하도록 할 수 있습니다.)

어떤 경우에는 내가 그 죽음을 돌이킬 수 있게 되어서 그 친척들이 오늘까지 살아 있는 경우도 있습니다. 그렇지 않았으면 벌써 죽었을 사람들이었습니다.

우리의 삶 가운데 성령님의 역사로 인하여 우리는 이 세상에 홀로 남겨져 있지 않습니다. 예수님께서는 제자들에게 이렇게 말씀하셨습니다. "내가 떠나가는 것이 너희에게 유익이라 내가 떠나가지 아니하면 보혜사가 너희에게로 오시지 아니할 것이요…"(요 16:7)

예수님은 이렇게 약속하셨습니다. "내가 아버지께 구하겠으니 그가 또 다른 보혜사를 너희에게 주사 영원토록 너희와 함께 있게 하리니 그는 진리의 영이라 세상은 능히 그를 받지 못하나니 이는 그를 보지도 못하고 알지도 못함이라 그러나 너희는 그를 아나니 그는 너희와 함께 거하심이요 또 너희 속에 계시겠음이라 내가 너희를 고아와 같이 버려두지 아니하고…"(요 14:16-18)

확대 번역본 성경은 이렇게 번역했습니다. "나는 너희를 쓸쓸하고comfortless, 외롭고desolate, 유가족이 되어bereaved, 희망을 잃고forlorn, 의지할 데 없는helpless 고아로 남겨 두고 가지 않을 것이다. 나는 너희에게로 돌아올 것이다."

우리는 이 세상에서 고아처럼 생각하지 않아도 됩니다. 외롭게 희망을 잃고 살 필요도 없습니다. 우리의 영 안에는 하나님의 힘이 있습니다. 우리는 강한 사람처럼 일어나서 하나님의 일을 할 수 있습니다.

우리는 원수를 쫓아낼 수 있으며 어둠의 세력은 우리 앞에서 도망갈 것입니다. 심지어 마귀도 우리에게서 도망칠 것입니다. 우리는 하나님의 능력의 사람이기 때문에 우리가 오는 것을 보면 마귀는 반대 방향으로 도망갈 것입니다.

하나님의 말씀에 열광하십시오. 말씀의 빛 가운데 걸어가십시오. 말씀이 약속하신 것을 주장하면 그 혜택을 누리게 될 것입니다. 말씀을 듣기만 하는 사람이 아니라 행하는 사람이 될 때 당신은 하나님께서 그분의 말씀에 당신을 위해 마련해 놓은 모든 공급을 받는 수혜자가 될 것입니다.

부록

성서공회에서 나온 「개역개정판」의 한글 번역이 'heart'과 'mind'를 '마음'으로 번역하여 이 책을 이해하는데 혼란을 가져오므로 최소한 성경의 사용 예를 Bauer & Gingrich의 사전에서 옮겨왔습니다.

nous (νους)

눅 24:45과 계 13:18, 17:9를 제외하고는 신약성경에서는 바울 서신에서만 나타난다(21번). 육체적physical 및 지적 intellectual 인식기관과 도덕적 판단moral judgements에 이르는 능력을 나타낸다.

1. 생각하는 기관으로써 이해understanding, 마음heart
   (눅 24:45) (계 13:18) (빌 4:7) : 방언을 말하도록 영감을

주는 하나님의 영과 대조하여 "나의 마음은 열매를 맺지 못하나"(고전 14:14) 왜냐하면 방언을 말하는 동안 마음은 활동하지 않기 때문이다.

"깨달은 마음으로 다섯 마디 말을 하는 것이 일만 마디 방언으로 말하는 것보다 나으니라"(고전 14:19)

"쉽게 마음이 흔들리거나 두려워 하거나 하지 말아야 한다는 것이라"(살후 2:2)

2. 육체적인 존재와 대조되는 생명의 한 면으로서 마음mind과 지성intellect, 사람의 생각과 계획을 하는 자연인의 정신적 부분(롬 7:23~25)

3. 전체적인 정신적 도덕적인 상태의 집합체로서 마음mind, 태도attitude, 사고방식way of thinking

a. 모든 사람이 소유하고 있는 것으로서

"마음을 새롭게 하므로 변화를 받아"(롬 12:2) : 그리스도인들의 자연 상태의 마음이 침례 때 받은 성령에 의해 침투되고 변화될 때 발생한다(엡 4:23) (롬 1:28) (엡 4:17) (골 2:18) (딤후 3:8) (딤전 6:5) (딛 1:15).

b. 그리스도인의 태도나 사고방식을 특별히 언급할 때(고전 1:10)

4. 생각하는 마음mind, 생각thought, 견해opinion, 선언decree의 결과로서

(롬 14:5), (롬 11:34), (고전 2:16) : 바울은 16절 후반부에서 "우리가 그리스도의 마음을 가졌느니라"고 할 때 그가 보통 영pneuma(14절 이하)이라고 부르던 것을 나타내며 nous라는 성경적 단어를 사용하고 있다. 그가 이렇게 할 수 있는 이유는 그의 nous(그는 영의 사람 pneumatic이므로)는 성령으로 충만하여졌기 때문이다. 그러므로 바울의 경우는 이 두 단어는 서로 바꿔서 쓸 수 있다. 이 nous를 혼적인psychic 사람에게는 쓸 수 없다.

cardia (καρδια, ἡ)

1. 심장heart : 육체적, 영적, 정신적 생명이 있는 곳peat으로써
a. 육체적 생명의 중심과 근원으로써
   (시 101:5, 103:15), (행 14:17), (약 5:5)
b. 전체적 내적 생명the whole inner life의 중심과 근원으로서 그 생각thinking, 느낌feeling, 의지volition를 포함한다.
(1) 모든 것을 포함하는 의미로서: 하나님이나 그리스도를 말할 때.

왕상 16:7, 대상 28:9, 눅 16:15, 살전 2:4, 롬 8:27, 계 2:23, 시 7:10, 렘 17:10, 렘 20:12, 고전 14:25, 벧전 3:4 - 마음 속 깊은 곳으로부터, 진지하게.

롬 6:17, 벧전 1:22, 사 59:13, 애 3:33, 마 18:35, 딤전 1:5, 딤후 2:22, 행 8:37, 고후 5:12, 살전 2:17 - 입술이나 입으로 만이 아니라 내적 생명이 있는 곳.

마 15:8, 막 7:6 (사 29:13), 마 15:8, 롬 10:8,9 (신 30:14), 고후 6:11

(2) 사고하는 기관, 생각들 자체, 이해하는 기관. 자연적natural, 영적spiritual, 깨달음enlightenment의 기관the organ.

이 경우 "마음"으로 종종 번역되었다 : 고후 4:6, 엡 1:18, 벧후 1:19

이해하다understand : 마 13:5, 행 28:27 (사 6:10)

생각하다think : 요 12:40

자신에게 말하다say to oneself : 크게 말하지 않고 생각하거나 숙고하는 것reflect.

마 24:48, 눅 12:45, 롬 10:6, 계 18:7, 마 2:6,8, 눅 3:15, 눅 5:22, 마 15:19, 막 7:21, 눅 2:35, 눅 9:47, 눅 24:38, 행 7:23, 고전 2:9, 눅 2:51, 마 9:4, 롬 1:21, 눅 24:25, 마 13:15, 행 28:27, 요 12:40, 막 6:52, 막 8:17, 막 3:5, 엡 4:18, 약 1:26, 롬 16:18, 고후 3:15, 막 11:23, 행 16:14

(3) 의지와 결정of the will and its decisions

고후 9:7, 눅 21:14, 행 5:4, 행 11:23, 요 13:2, 계 17:7, 행 5:3, 고전 4:5, 고전 7:37, 히 3:8, 시 94:8, 롬 2:15, 고후 3:2. 히 8:10

(4) 도덕적 결정, 도덕적 삶, 악과 덕

약 4:8, 행 15:9, 마 5:8, 시 23:4, 히 10:22, 살전 3:12, 벧후 2:14, 눅 21:34, 행 8:21, 렘 9:25, 겔 44:7,9, 롬 2:29, 행 7:51

(5) 감정, 바램wishes, 욕망desires

롬 1:24, 마 5:28, 마 6:21, 마 12:34, 눅 12:34, 눅 24:32, 약 3:14, 약 5:8, 행 2:26(시 15:9), 요 16:22, 요 14:1, 요 14:27, 롬 9:2, 고후 2:4, 행 7:54, 행 2:37, 엡 6:22, 골 4:8, 요일 3:20,21, 롬 10:1, 히 10:22, 행 13:22

(6) 특별히 사랑을 말할 때

마 12:30;33, 눅 10:27, 마 22:37, 고후 7:3, 빌 1:7

(7) 경향of disposition

엡 6:5, 골 3:22, 마 11:29

(8) 하늘의 능력과 존재들이 살고 있는 장소로서 인간의 심장

The human heart as the dwelling place of heavenly powers and beings.

롬 5:5, 고후 1:22, 갈 4:6, 엡 3:17

2. 내부interior, 중심center의 의미로 비유적으로 심장 :

겔 27:4,25, 욘 2:4, 시 45:3, 마 12:40

psuche (ψυχή, ῆs, ἡ)

영혼soul, 생명life, 흔히 여러 가지 뜻을 나타내는 이 단어의 의미를 정확히 알아내기가 불가능하다.

1. a. 외적, 육체적인 면을 가리키는 땅 위의 생명
(1) 동물의 생명(의 호흡), 생명의 원리, 혼soul 이것이 떠날 때 죽는다(눅 12:20).
(2) 지상의 삶 자체; 마 2:20, 롬 11:3, 마 20:28, 막 10:45; 요 10:11, 15, 17, (18), 13:37f; 15:13; 요일 3:16, 행 15:26, 빌 2:30 자신의 삶을 사랑하다: 계 12:11, 보양하므로 연장되는 생명: 마 6:25a,b; 눅 12:22f, 14:26; 행 20:24; 27:10, 22; 28:19; 롬 16:4

b. 많은 다양한 면을 나타내는 사람의 내적 생명의 중심과 자리로서 혼soul
(1) 화려한 삶을 바라는 욕망의; 눅 12:19
(2) 악한 욕망의

(3) 감정과 느낌의; 마 26:38; 막 14:34

c. **지상의 것을 초월하는 생명의 중심과 자리로서 혼soul**

마 10:28a, b; 마 16:26a; 막 8:36; 마 16:26b; 막 8:37의 의미에서는 이 단어보다 더 귀한 것은 없다. 다른 사람의 안녕을 빌 때: 요삼 2; 유혹의 대상이 됨: 벧전 2:11; 벧후 2:14; 안식을 원함: 마 11:29; 거룩해야 한다: 벧전 1:22; 하나님께 맡겨져야 한다: 벧전 4:19; 그리스도는 감독자와 목자이다: 벧전 2:25; 사도와 장로들은 성도의 영혼soul에 관심을 가졌다: 고후 12:15, 히 13:17; 그리스도인의 소망의 닻: 히 16:19; 바울은 하나님을 자기의 영혼의 증인이라 했다: 고후 1:23

d. **영혼은 땅위와 초자연적 생명 양쪽의 중심이므로 인간은 자신을 위해 어느 쪽의 성품을 유지해야할 것인가 결단을 해야 한다.**

막 8:35; 마 10:39; 16:25; 눅 9:24; 17:33; 요 12:25

e. **프쉬케와 프뉴마의 조합**

살전 5:23; 히 4:12

2. 생명이나 혼을 소유한 것의 환유어로써

생명체 : 계 16:3; 고전 15:45; 계 16:3; 행 2:43; 3:23 (레 23:29); 롬 2:9; 13:1

καρδία, ας, ἡ (since Hom. [καρδίη, κραδίη]. Rather rare in secular wr. in the period of the Gk. Bible [cf. Diod. S. 32, 20; Plut., Mor. p. 30A; 63A; Epict. 1, 27, 21; M. Ant. 2, 3, 3; 7, 13, 3; Ps.-Apollod. 1, 4, 1, 5; Lucian; pap., incl. PGM 5, 157; 13, 263; 833; 1066; s. below 1bη], but common LXX, Test. 12 Patr.; Ep. Arist. 17. On Philo and Joseph. s. ASchlatter, D. Theol. d. Judentums nach d. Bericht d. Jos. '32, 21).

1. *heart* as the seat of physical, spiritual and mental life —**a.** as the center and source of physical life (Ps 101: 5; 103: 15) ἐμπιπλῶν τροφῆς τὰς κ. *satisfying the hearts w. food* Ac 14: 17. τρέφειν τὰς κ. *fatten the hearts* Js 5: 5.

b. as center and source of the whole inner life, w. its thinking, feeling, and volition (νοῦν κ. φρένας κ. διάνοιαν κ. λογισμὸν εἶπέ τις ποιητής [Hes., fgm. 247 Rz.] ἐν καρδίᾳ περιέχεσθαι), in the case of the natural man as well as the redeemed man.

α. in the all-inclusive sense: said of God or Christ γινώσκειν τὰς καρδίας (cf. 1 Km 16: 7; 1 Ch 28: 9) Lk 16: 15; δοκιμάζειν 1 Th 2: 4; ἐρευνᾶν Ro 8: 27; Rv 2: 23 (νεφροὺς κ. καρδίας as Ps 7: 10; Jer 17: 10; 20: 12). τὰ κρυπτὰ τῆς κ. 1 Cor 14: 25 (cf. Test. Reub. 1: 4). ὁ κρυπτὸς τῆς κ. ἄνθρωπος 1 Pt 3: 4. ἐκ καρδίας *from* the bottom of *the heart*=sincerely (Aristoph., Nub. 86) Ro 6: 17; 1 Pt 1: 22. Also ἀπὸ τῶν καρδιῶν (M. Ant. 2, 3, 3 ἀπὸ καρδίας εὐχάριστος τ. θεοῖς; Lucian, Jupp. Trag. 19; Is 59: 13; La 3: 33) Mt 18: 35. ἐκ καθαρᾶς καρδίας 1 Ti 1: 5; 2 Ti 2: 22. ἐξ ὅλης τ. καρδίας (Test. Levi 13: 1) Ac 8: 37 v.l. Opp. πρόσωπον and καρδία externals and inner attitude of heart (cf. 1 Km 16: 7 ἄνθρωπος ὄψεται εἰς πρόσωπον, ὁ δὲ θεὸς ὄψεται εἰς καρδίαν) 2 Cor 5: 12. The same contrast προσώπῳ οὐ καρδίᾳ *outwardly, not inwardly* 1 Th 2: 17. As the seat of the inner life in contrast to the mouth or lips, which either give expression to the inner life or deny it Mt 15: 8; Mk 7: 6 (both Is 29: 13); Mt 15: 18; Ro 10: 8 (Dt 30: 14); vs. 9f; 2 Cor 6: 11.

β. of the faculty of thought, of the thoughts themselves, of understanding, as the organ of natural and spiritual enlightenment (see the 'poet' under 1b above; Aesop, Fab.

254 P.=232 H.; 3 Km 10: 2; Job 12: 3; 17: 4). In this area κ. may oft. be transl. *mind*: 2 Cor 4: 6; Eph 1: 18; 2 Pt 1: 19. τῇ κ. συνιέναι *understand* Mt 13: 15b; Ac 28: 27b (both Is 6: 10). νοεῖν τῇ κ. *think* J 12: 40b. ἐν τῇ κ. λέγειν (Dt 8: 17; 9: 4; Ps 13: 1. Also Aesop 62 Halm=179 Chambry βοῶν ἐν τῇ καρδίᾳ alternating w. ταῦτα καθ' ἑαυτὸν λέγοντος) *say to oneself,* i.e. think, reflect, without saying anything aloud Mt 24: 48; Lk 12: 45; Ro 10: 6; Rv 18: 7; διαλογίζεσθαι Mk 2: 6, 8; Lk 3: 15; 5: 22; Hv 1, 1, 2; 3, 4, 3. The κ. as the source of διαλογισμοί Mt 15: 19; Mk 7: 21; Lk 2: 35; 9: 47. διαλογισμοὶ ἀναβαίνουσιν ἐν τῇ καρδίᾳ Lk 24: 38. ἀναβαίνει τι ἐπὶ τὴν καρδίαν τινός someth. *enters someone's mind*=someone thinks of someth. (s. ἀναβαίνω 2) Ac 7: 23; 1 Cor 2: 9; Hv 3, 7, 2; m 12, 3, 5; s 5, 7, 2. Also of memory Hv 3, 7, 6; m 4, 2, 2; 6, 2, 8. διατηρεῖν ἐν τ. καρδίᾳ Lk 2: 51 (cf. Test. Levi 6: 2). συμβάλλειν vs. 19. ἐνθυμεῖσθαι Mt 9: 4. διακρίνειν Hv 1, 2, 2.—Likew. of a lack of understanding: ἡ ἀσύνετος κ. *the senseless mind* Ro 1: 21; βραδὺς τῇ κ. *slow of comprehension* Lk 24: 25 (cf. Tetr. Iamb. 2, 31a, 6 the mocking words of the fox ὦ ἀνόητε κ. βραδὺ τῇ καρδίᾳ). ἐπαχύνθη ἡ κ. τοῦ λαοῦ Mt 13: 15a; Ac 28: 27a (both Is 6: 10). πωροῦν τὴν κ. J 12: 40a; κ. πεπωρωμένη Mk 6: 52; 8: 17; ἡ πώρωσις τῆς κ. 3: 5; Eph 4: 18. ἀπατᾶν καρδίαν ἑαυτοῦ Js 1: 26; cf. Ro 16: 18. κάλυμμα ἐπὶ τὴν κ. κεῖται 2 Cor 3: 15.—As the seat of thought, κ. is also the seat of doubt διακρίνεσθαι ἐν τῇ κ. Mk 11: 23. διστάζειν Hm 9: 5.—God opens the heart Ac 16: 14 or the eyes of the heart 1 Cl 59: 3 to Christian knowledge.

γ. of the will and its decisions (Diod. S. 32, 20) ἕκαστος καθὼς προῄρηται τῇ κ. *each one as he has made up his mind* 2 Cor 9: 7 (cf. Test. Jos. 17: 3 ἐπὶ προαιρέσει καρδίας). θέτε ἐν ταῖς καρδίαις ὑμῶν (s. 1 Km 21: 13) *make up your minds* Lk 21: 14; cf. Ac 5: 4. πρόθεσις τ. καρδίας 11: 23. βάλλειν εἰς τὴν κ. ἵνα *put it into someone's heart to* J 13: 2. Also διδόναι εἰς τ. κ. (2 Esdr 17 [Neh 7]: 5) w. inf. foll. Rv 17: 17, or πληροῦν τὴν κ. w. inf. foll. Ac 5: 3. Cf. 1 Cor 4: 5; 7: 37; Hb 3: 8 (Ps 94: 8) al. God's law written in the hearts of men Ro 2: 15;

2 Cor 3: 2f; Hb 8: 10 (Jer 38[31]: 33).

δ. of moral decisions, the moral life, of vices and virtues: ἁγνίζειν τὰς κ. Js 4: 8; καθαρίζειν τὰς κ. Ac 15: 9; Hv 3, 9, 8; w. ἀπό τινος Hm 12, 6, 5; καθαρὸς τῇ κ. *pure in heart* (Ps 23: 4) Mt 5: 8; καθαρὰ κ. (Sextus 46b) Hv 4, 2, 5; 5: 7; m 2: 7. ῥεραντισμένοι τὰς κ. ἀπὸ συνειδήσεως πονηρᾶς *with hearts sprinkled clean from a consciousness of guilt* Hb 10: 22. κ. ἄμεμπτος 1 Th 3: 13. ἀμετανόητος Ro 2: 5. κ. πονηρὰ ἀπιστίας Hb 3: 12; λίθιναι κ. B 6: 14 (Ezk 36: 26). γεγυμνασμένη πλεονεξίας *trained in greediness* 2 Pt 2: 14. Cf. Lk 21: 34; Ac 8: 21f. περιτομὴ καρδίας (cf. Jer 9: 25; Ezk 44: 7, 9) Ro 2: 29.—B 9: 1; 10: 12; Ac 7: 51.

ε. of the emotions, wishes, desires (Theognis 1, 366; Bacchylides 17, 18): ἐπιθυμίαι τῶν κ. *desires of the heart* Ro 1: 24. ἐπὶ τὴν κ. σου ἀνέβη ἡ ἐπιθυμία τ. πονηρίας Hv 1, 1, 8; cf. s 5, 1, 5. ἐνθύμησις m 4, 1, 2; 6, 2, 7. μὴ ἀναβαινέτω σου ἐπὶ τὴν κ. περὶ γυναικός m 4, 1, 1; cf. Hv 1, 2, 4; Mt 5: 28.—6: 21; 12: 34; Lk 12: 34; 24: 32 (s. καίω 1b); Js 3: 14; 5: 8. Of joy: ηὐφράνθη ἡ κ. Ac 2: 26 (Ps 15: 9). χαρήσεται ἡ κ. J 16: 22. Of sorrow: ἡ λύπη πεπλήρωκε τὴν κ. 16: 6; λύπη ἐγκάθηται εἰς τὴν κ. *grief sits in the heart* Hm 10, 3, 3. ἡ κ. ταράσσεται (Job 37: 1; Ps 142: 4) J 14: 1, 27; ὀδύνη τῇ κ. Ro 9: 2. συνοχὴ καρδίας *anguish of heart* 2 Cor 2: 4; διαπρίεσθαι ταῖς κ. Ac 7: 54; κατανυγῆναι τὴν κ. 2: 37; συνθρύπτειν τὴν κ. 21: 13. κ. συντετριμμένη *a broken heart* B 2: 10 (Ps 50: 19). παρακαλεῖν τὰς κ. Eph 6: 22; Col 4: 8. Of hope (Ps 111: 7) Hm 12, 5, 2. Of repentance Hv 3, 13, 4; m 5, 1, 7; 12, 6, 1. Of the feeling for good and evil, someth. like *conscience* (1 Km 24: 6; 2 Km 24: 10) 1 J 3: 20, 21 (cf. ASkrinjar, Verb. Dom. 20, '40, 340-50). Of a wish εὐδοκία τῆς κ. (s. εὐδοκία 3) Ro 10: 1. Of a longing for God τὴν κ. ἔχειν πρὸς κύριον Hm 10, 1, 6. ἐπιστρέφεσθαι πρὸς τὸν κύριον ἐξ ὅλης τῆς κ. 12, 6, 2 (cf. 3 Km 8: 48). προσέρχεσθαι μετὰ ἀληθινῆς κ. *with sincere desire* (cf. Is 38: 3; Test. Dan 5: 3 ἀλ. κ.) Hb 10: 22. Cf. the opposite Ac 7: 39.—Also of the wish or desire of God ἀνὴρ κατὰ τὴν κ. (τοῦ θεοῦ) *after God's heart* i.e. *as God wishes him to be* Ac 13: 22 (cf. 1 Km 13: 14).

ζ. esp. also of love (Aristoph., Nub. 86 ἐκ τῆς κ. φιλεῖν; M. Ant. 7, 13, 3 ἀπὸ κ. φιλεῖν τ. ἀνθρώπους) ἀγαπᾶν τινα ἐξ ὅλης τ. καρδίας Mk 12: 30, 33; Lk 10: 27 (cf. Dt 6: 5 and APF 5, '13, 393 no. 312, 9 ἐκ ψυχῆς κ. καρδίας). ἐν ὅλῃ τ. καρδίᾳ Mt 22: 37; εἶναι ἐν τῇ κ. *have a place in the heart* 2 Cor 7: 3; ἔχειν τινὰ ἐν τῇ κ. Phil 1: 7; Hm 12, 4, 3; s 5, 4, 3; cf. m 12, 4, 5.—The opp. κατά τινος ἐν τῇ κ. ἔχειν *have someth. against someone* v 3, 6, 3.

η. of disposition ἁπλότης (τ.) καρδίας (Test. Reub. 4: 1, Sim. 4: 5 al.) Eph 6: 5; Col 3: 22. κ. καὶ ψυχὴ μία Ac 4: 32 (combination of ψυχή and καρδία as PGM 7, 472; Fluchtaf. 3, 15; Dt 11: 18; 1 Km 2: 35; 4 Km 23: 3 and oft. LXX). πραῢς καὶ ταπεινὸς τῇ κ. Mt 11: 29 (cf. Test. Reub. 6: 10).

θ. The human heart as the dwelling-place of heavenly powers and beings (PGM 1, 21 ἔσται τι ἔνθεον ἐν τῇ σῇ κ.): of the Spirit Ro 5: 5; 2 Cor 1: 22; Gal 4: 6; of the Lord Eph 3: 17; of the angel of righteousness Hm 6, 2, 3; 5.

2. fig. *heart* in the sense *interior, center* (Ezk 27: 4, 25; Jon 2: 4; Ps 45: 3; EpJer 19) τῆς γῆς Mt 12: 40.—S., in addition to the works on Bibl. anthropology and psychology (πνεῦμα, end): HKornfeld, Herz u. Gehirn in altjüd. Auffassung: Jahrb. für jüd. Gesch. u. Lit. 12, '09, 81 to 89; ASchlatter, Herz. u. Gehirn im l. Jahrh.: ThHaering-Festschr. '18, 86-94; FBaumgärtel u. JBehm, TW III 609-16; RBultmann, Theologie des NT '48, 216-22 (Paul), Engl. transl., Theol. of the NT, KGrobel, '51, I, 220-227; RJewett, Paul's Anthropological Terms, '71, 305-33. M-M. B. 251.

νοῦς, νοός, νοΐ, νοῦν, ὁ (contracted fr. νόος.—Hom.+; pap., LXX, Ep. Arist. 276; Philo [oft.]; Jos., Ant. 3, 65, Vi. 122 al.; Test. 12 Patr.; Sib. Or. 3, 574.—On its declension cf. Bl-D. §52; W-S. §8, 11; Mlt.-H. 127; 142) in the NT only in Pauline lit. except for Lk 24: 45; Rv 13: 18; 17: 9. Denotes the faculty of physical and intellectual perception, then also the power to arrive at moral judgments.

1. *the understanding, the mind* as the faculty of thinking διανοίγειν τὸν ν. τινος *open someone's mind* Lk 24: 45. ὁ ἔχων νοῦν *whoever has understanding* Rv 13: 18 (ν. ἔχειν as Aristoph., Equ. 482; Hyperid. 3, 23; Dio Chrys. 17[34], 39; 23[40], 26; Ael. Aristid. 23, 12 K.=42 p. 771 D.; Ep. Arist. 276; Philo, Mos. 1, 141; Test. Reub. 3: 8). ὧδε ὁ ν. ὁ ἔχων σοφίαν *here is* (i.e. *this calls for*) *a mind with wisdom* 17: 9. νοῦν διδόναι *grant understanding* Dg 10: 2. Also παρέχειν νοῦν 11: 5. ὁ σοφίαν καὶ νοῦν θέμενος ἐν ἡμῖν τῶν κρυφίων αὐτοῦ *who has placed in us wisdom and understanding of his secrets* B 6: 10. ποικίλος τῇ φρονήσει καὶ τῷ ν. *diverse in thought and understanding* Hs 9, 17, 2a; cf. b. Of the peace of God ἡ ὑπερέχουσα πάντα ν. *which surpasses all power of thought* Phil 4: 7. In contrast to the divine Pneuma which inspires the 'speaker in tongues': ὁ ν. μου ἄκαρπός ἐστιν *my mind is unfruitful,* because it remains inactive during the glossolalia 1 Cor 14: 14. προσεύχεσθαι τῷ ν. (opp. τῷ πνεύματι.—νόῳ as instrumental dat. as Pind., Pyth. 1, 40) *pray w. the understanding* vs. 15a; ψάλλειν τῷ ν. vs. 15b. θέλω πέντε λόγους τῷ ν. μου λαλῆσαι *I would rather speak five words w. my understanding* vs. 19 (cf. IQS 10, 9).—As a designation of Christ (cf. Sib. Or. 8, 284) in a long series of expressions (w. φῶς) Dg 9: 6 (cf. Epict. 2, 8, 2 τίς οὖν οὐσία θεοῦ; νοῦς, ἐπιστήμη, λόγος ὀρθός. The god Νοῦς in the Herm. Wr.: Rtzst., Mysterienrel.¹ 47 al.; JKroll, D. Lehren des Hermes Trismegistos '14, 10ff; 60ff al.; PGM 5, 465 ὁ μέγας Νοῦς).—Also the state of *sensibleness, composure* in contrast to the disturbances of soul brought about by the expectation of the Parousia, σαλευθῆναι ἀπὸ τοῦ νοός *be shaken, and thereby lose your calmness of mind* 2 Th 2: 2.

2. *the mind, intellect* as the side of life contrasted w. physical existence, the higher, mental part of the natural man which initiates his thoughts and plans (Apollonius of Tyana [I AD] in Euseb., Pr. Ev. 4, 13): ὁ νόμος τοῦ νοός μου *the law of my intellect* (νοῦς=ὁ ἔσω ἄνθρωπος vs. 22 v.l.) Ro 7: 23. (Opp. σάρξ) τῷ ν. δουλεύειν νόμῳ θεοῦ *serve the law of God w. one's intellect* vs. 25.

3. *mind, attitude, way of thinking* as the sum total of the whole mental and moral state of being

a. as possessed by every person μεταμορφοῦσθαι τῇ ἀνακαινώσει τοῦ ν. *be transformed by the renewing of the mind*, which comes about when the Christian has his natural νοῦς penetrated and transformed by the Spirit which he received at baptism Ro 12: 2 (s. Ltzm., Hdb. ad loc.). W. the same sense ἀνανεοῦσθαι τῷ πνεύματι τοῦ ν. ὑμῶν *you must adopt a new attitude of mind* Eph 4: 23 (the piling up of synonyms is a distinctive feature of Eph; s. MDibelius, Hdb. exc. on Eph 1: 14). Of the Gentiles παρέδωκεν αὐτοὺς ὁ θεὸς εἰς ἀδόκιμον ν. *God abandoned them to depraved thoughts* Ro 1: 28. τὰ ἔθνη περιπατεῖ ἐν ματαιότητι τοῦ ν. αὐτῶν *the heathen live w. their minds fixed on futile things* Eph 4: 17. Of one who is in error: εἰκῆ φυσιούμενος ὑπὸ τοῦ ν. τῆς σαρκὸς αὐτοῦ *groundlessly conceited* (lit. 'puffed up') *by his mind, fixed on purely physical things* Col 2: 18. κατεφθαρμένος τὸν ν. *with depraved mind* 2 Ti 3: 8; also διεφθαρμένος τὸν ν. 1 Ti 6: 5 (Bl-D. §159, 3; Rob. 486). μεμίανται αὐτῶν καὶ ὁ ν. καὶ ἡ συνείδησις *their minds and consciences are unclean* Tit 1: 15.

b. specif. of the Christian *attitude* or *way of thinking* κατηρτισμένοι ἐν τῷ αὐτῷ νοΐ 1 Cor 1: 10. Through baptism men receive μίαν φρόνησιν καὶ ἕνα νοῦν Hs 9, 17, 4; cf. 9, 18, 4. εἷς νοῦς, μία ἐλπίς is to rule in the church IMg 7: 1.

4. also the result of thinking *mind, thought, opinion, decree* (Hom. + of gods and men) ἕκαστος ἐν τῷ ἰδίῳ ν. πληροφορείσθω *everyone is to be fully convinced in his own mind* Ro 14: 5. τίς γὰρ ἔγνω νοῦν κυρίου; *who has known the Lord's thoughts?* (Is 40: 13) 11: 34; 1 Cor 2: 16a. When Paul continues in the latter passage vs. 16b w. ἡμεῖς νοῦν Χριστοῦ ἔχομεν, he is using the scriptural word νοῦς to denote what he usu. calls πνεῦμα (vs. 14f). He can do this because his νοῦς (since he is a 'pneumatic' person) is filled w. the Spirit (s. above 3a), so that in his case the two are interchangeable. Such a νοῦς is impossible for a 'psychic' person.—OMoe, Vernunft u. Geist im NT: ZsystTh 11, '34, 351-91; RJewett, Paul's Anthropological Terms, '71, 358-90. S. καρδία, end; νοέω, end. M-M. B. 1198. *

πνεῦμα, ατος, τό (Aeschyl., Pre-Socr., Hdt.+; inscr., pap., LXX, En., Ep. Arist., Philo, Joseph., Test. 12 Patr., Sib. Or. On the history of the word s. Rtzst., Mysterienrel.³ 308ff).

1. *blowing, breathing* (even the glowing exhalations of a volcanic crater: Diod. S. 5, 7, 3)—**a.** *wind* (Aeschyl.+; LXX, Ep. Arist., Philo; Jos., Ant. 2, 343; 349; Sib. Or. 8, 297) τὸ πνεῦμα πνεῖ *the wind blows* J 3: 8a (EpJer 60 πνεῦμα ἐν πάσῃ χώρᾳ πνεῖ. But cf. TMDonn, ET 66, '54f, 32). ὀθόνη πλοίου ὑπὸ πνεύματος πληρουμένη MPol 15: 2. Of God ὁ ποιῶν τοὺς ἀγγέλους αὐτοῦ πνεύματα *who makes his angels winds* Hb 1: 7; 1 Cl 36: 3 (both Ps 103: 4).

b. *the breathing out of air, blowing, breath* (Aeschyl.+; Pla., Tim. 79B; LXX) ὁ ἄνομος, ὃν ὁ κύριος Ἰησοῦς ἀνελεῖ τῷ πνεύματι τοῦ στόματος αὐτοῦ 2 Th 2: 8 (cf. Is 11: 4; Ps 32: 6).

2. *breath, (life-)spirit, soul,* that which gives life to the body (Aeschyl.+; Polyb. 31, 10, 4; Ps.-Aristot., De Mundo 4 p. 394b, 8ff; PHib. 5, 54 [III BC]; PGM 4, 538; 658; 2499; LXX; Sib. Or. 4, 46) ἀφιέναι τὸ πνεῦμα *give up one's spirit, breathe one's last* (Eur., Hec. 571; Porphyr., Vi. Plotini c. 2) Mt 27: 50. J says for this παραδιδόναι τὸ πν. 19: 30. Of the return of the *(life-)spirit* of a deceased person into her dead body ἐπέστρεψεν τὸ πν. αὐτῆς Lk 8: 55 (cf. Jdg 15: 19). εἰς χεῖράς σου παρατίθεμαι τὸ πν. μου *into thy hands I entrust my spirit* 23: 46 (Ps 30: 6). κύριε Ἰησοῦ, δέξαι τὸ πνεῦμά μου Ac 7: 59 (on the pneuma flying upward after death cf. Epicharm. in HDiels, Fragm. der Vorsokrat.⁵ I '34 no. 23 [=⁴ 13], B 9 and 22; Eur., Suppl. 533 πνεῦμα μὲν πρὸς αἰθέρα, τὸ σῶμα δ' ἐς γῆν; PGM 1, 177ff τελευτήσαντός σου τὸ σῶμα περιστελεῖ, σοῦ δὲ τὸ πνεῦμα...εἰς ἀέρα ἄξει σὺν αὐτῷ). τὸ σῶμα χωρὶς πν. νεκρόν ἐστιν Js 2: 26. πν. ζωῆς ἐκ τ. θεοῦ εἰσῆλθεν ἐν αὐτοῖς (i.e. the prophet-witnesses who have been martyred) Rv 11: 11 (cf. Ezk 37: 10 v.l. εἰσῆλθεν εἰς αὐτοὺς πνεῦμα ζωῆς; 5). Of the *spirit* that animated the image of the beast, and enabled it to speak and to have Christians put to death 13: 15.—After a person's death, his πν. lives on as an independent being, in heaven πνεύματα δικαίων τετελειωμένων Hb 12: 23 (cf. Da 3: 86 εὐλογεῖτε, πνεύματα καὶ ψυχαὶ δικαίων, τὸν

κύριον). According to non-biblical sources, the πν. are in the underworld (cf. En. 22: 3-13; Sib. Or. 7, 127) or in the air (PGM 1, 178), where evil spirits can prevent them from ascending higher (s. ἀήρ). τοῖς ἐν φυλακῇ πνεύμασιν πορευθεὶς ἐκήρυξεν 1 Pt 3: 19 belongs here if it refers to Jesus' preaching to the spirits of the dead in hell (so Usteri, BWeiss, Kühl, HermvSoden, Windisch, Bigg, HHoltzmann [Ntl. Theologie² II '11, 358f], Vrede, Feine, JA McCulloch [The Harrowing of Hell, '30] et al.), whether it be when he descended into Hades, or when he returned to heaven (so RBultmann, Bekenntnis u. Liedfragmente im 1 Pt: Con. Neot. 11, '47, 1-14).—CClemen, Niedergefahren zu den Toten '00; JTurmel, La Descente du Christ aux enfers '05; JMonnier, La Descente aux enfers '06; HHoltzmann, ARW 11, '08, 285-97; KGschwind, Die Niederfahrt Christi in die Unterwelt '11; DPlooij, De Descensus in 1 Pt 3: 19 en 4: 6: ThT 47, '13, 145-62; JHBernard, The Descent into Hades a Christian Baptism (on 1 Pt 3: 19ff): Exp. VIII 11, '16, 241-74; CSchmidt, Gespräche Jesu mit seinen Jüngern: TU 43, '19, 452ff; JFrings, BZ 17, '26, 75-88; JKroll, Gott u. Hölle '32; RGanschinietz, Katabasis: Pauly-W. X 2, '19, 2359-449; Clemen² 89-96; WBieder, Die Vorstellung v. d. Höllenfahrt Jesu Chr. '49; SEJohnson, JBL 79, '60, 48-51; WDalton, Christ's Proclamation to the Spirits, '65. S. also the lit. in Windisch, Hdb.² '30, exc. on 1 Pt 3: 20; EGSelwyn, The First Ep. of St. Peter '46 and 4c below.— This is prob. also the place for θανατωθεὶς μὲν σαρκὶ ζωοποιηθεὶς δὲ πνεύματι· ἐν ᾧ καὶ ... 1 Pt 3: 18f ($\mathfrak{P}^{72}$ reads πνεύματι instead of πνεύμασιν in vs. 19, evidently in ref. to the manner of Jesus' movement); πνεῦμα is that part of Christ which, in contrast to σάρξ, did not pass away in death, but survived as an individual entity after death; cf. ἐν IV 6e. Likew. the contrast κατὰ σάρκα— κατὰ πνεῦμα Ro 1: 3f. Cf. 1 Ti 3: 16.

3. *the spirit* as a part of the human personality—**a.** when used with σάρξ, the flesh, it denotes the immaterial part 2 Cor 7: 1; Col 2: 5. *Flesh and spirit*= the whole personality, in its outer and inner aspects, oft. in Ign.: IMg 1: 2; 13: 1a; ITr inscr.; 12: 1; IRo inscr.; ISm 1: 1; IPol 5: 1.—In the same sense beside σῶμα, the body (Simplicius In Epict. p. 50, 1; Ps.-Phoc. 106f; PGM 1, 178) 1 Cor 5: 3-5; 7: 34.—The inner life of man is divided into ψυχὴ καὶ

πνεῦμα (cf. Ps.-Pla., Axioch. 10 p. 370c τὶ θεῖον ὄντως ἐνῆν πνεῦμα τῇ ψυχῇ = a divine spirit was actually in the soul; Wsd 15: 11; Jos., Ant. 1, 34. S. also Herm. Wr. 10, 13; 16f; PGM 4, 627; 630) Hb 4: 12. Cf. Phil 1: 27. τὸ πνεῦμα καὶ ἡ ψυχὴ καὶ τὸ σῶμα 1 Th 5: 23 (s. GMilligan, Thess. '08, 78f; EvDobschütz in Meyer X⁷ '09, 230ff; EDBurton, Spirit, Soul, and Flesh '18; AMFestugière, La Trichotomie des 1 Th 5: 23 et la Philos. gr.: Rech de Sc rel 20, '30, 385–415; ChMasson, RThPh 33, '45, 97–102; FCGrant, An Introd. to NT Thought '50, 161–6).

b. as the source and seat of insight, feeling, and will, gener. as the representative part of the inner life of man (cf. PGM 4, 627; 3 Km 20: 5; Sir 9: 9 al.) ἐπιγνοὺς ὁ Ἰησοῦς τῷ πν. αὐτοῦ Mk 2: 8. ἀναστενάξας τῷ πν. αὐτοῦ λέγει 8: 12 (s. ἀναστενάζω). ἠγαλλίασεν τὸ πν. μου Lk 1: 47 (in parallelism w. ψυχή vs. 46, as Sir 9: 9). ἠγαλλιάσατο τῷ πν. 10: 21 t.r. Ἰησοῦς ἐνεβριμήσατο τῷ πν. J 11: 33 (s. ἐμβριμάομαι); Ἰησ. ἐταράχθη τῷ πν. 13: 21. παρωξύνετο τὸ πν. αὐτοῦ ἐν αὐτῷ Ac 17: 16; ζέων τῷ πν. 18: 25 (s. ζέω). τὸ παιδίον ἐκραταιοῦτο πνεύματι Lk 1: 80; 2: 40 t.r.; ἔθετο ὁ Παῦλος ἐν τῷ πν. Ac 19: 21. προσκυνήσουσιν τῷ πατρὶ ἐν πνεύματι of the *spiritual*, i.e. the pure, inner worship of God, that has nothing to do w. holy times, places, appurtenances, or ceremonies J 4: 23; cf. vs. 24b. πν. συντετριμμένον (Ps 50: 19) 1 Cl 18: 17; 52: 4.—2 Cl 20: 4; Hv 3, 12, 2; 3, 13, 2.—This usage is also found in Paul. His conviction (s. 5 below) that the Christian possesses the (divine) πνεῦμα and thus is different fr. all other men, leads him to choose this word in preference to others, in order to characterize the inner being of the believer gener. ᾧ λατρεύω ἐν τῷ πν. μου Ro 1: 9. οὐκ ἔσχηκα ἄνεσιν τῷ πν. μου 2 Cor 2: 13. Cf. 7: 13. As a matter of fact, it can mean simply a person's *very self*, or *ego*: τὸ πνεῦμα συμμαρτυρεῖ τῷ πνεύματι ἡμῶν the Spirit (of God) *bears witness to our very self* Ro 8: 16 (cf. PGM 12, 327 ἠκούσθη μου τὸ πνεῦμα ὑπὸ πνεύματος οὐρανοῦ). ἀνέπαυσαν τὸ ἐμὸν πν. καὶ τὸ ὑμῶν *they have refreshed both me and you* 1 Cor 16: 18. ἡ χάρις τοῦ κυρίου ἡμῶν Ἰ. Χρ. μετὰ τοῦ πν. (ὑμῶν) Gal 6: 18; Phil 4: 23; Phlm 25. Cf. 2 Ti 4: 22. Likew. in Ign. τὸ ἐμὸν πν. *my* (unworthy) *self* IEph 18: 1; IRo 9: 3; cf. 1 Cor 2: 11a.—Only a part of the inner life, i.e. that which concerns the will, is meant in τὸ μὲν πνεῦμα πρόθυμον, ἡ δὲ σὰρξ ἀσθενής Mt 26: 41; Mk 14:

38; Pol 7: 2. That which is inferior, anxiety, fear of suffering, etc. is attributed to the σάρξ.—The mng. of the expr. οἱ πτωχοὶ τῷ πνεύματι Mt 5: 3 is difficult to determine w. certainty (it has a secular counterpart in Pla., Ep. 7 p. 335A πένης ἀνὴρ τὴν ψυχήν. The dat. as τῇ ψυχῇ M. Ant. 6, 52; 8, 51). The sense is prob. *those who are poor in their inner life,* because they do not have a Pharisaic pride in their own spiritual riches (cf. AKlöpper, Über den Sinn u. die ursprgl. Form der ersten Seligpreisung der Bergpredigt bei Mt: ZWTh 37, 1894, 175-91; RKabisch, Die erste Seligpreisung: StKr 69, 1896, 195-215; KKöhler, Die ursprgl. Form der Seligpreisungen: StKr 91, '18, 157-92; JBoehmer, De Schatkamer 17, '23, 11-16, Teol. Tidsskrift [Copenhagen] 4, '24, 195-207, JBL 45, '26, 298-304; WMMacgregor, ET 39, '28, 293-7; VMacchioro, Journ. of Rel. 12, '32, 40-9; EEvans, Theology 47, '44, 55-60; HLeisegang, Pneuma Hagion '22, 134ff).

c. *spiritual state, state of mind, disposition* ἐν ἀγάπῃ πνεύματί τε πραΰτητος *with love and a gentle spirit* 1 Cor 4: 21; cf. Gal 6: 1. τὸ πν. τοῦ νοὸς ὑμῶν Eph 4: 23 (cf. νοῦς 3a). ἐν τῷ ἀφθάρτῳ τοῦ ἡσυχίου πνεύματος *with the imperishable (gift) of a quiet disposition* 1 Pt 3: 4.

4. *a spirit* as an independent being, in contrast to a being that can be perceived by the physical senses (ELangton, Good and Evil Spirits '42).

a. God himself: πνεῦμα ὁ θεός J 4: 24a (on God as a Spirit, esp. in the Stoa, s. MPohlenz, D. Stoa '48/'49. Hdb. ad loc. Also Celsus 6, 71 [Stoic]; Herm. Wr. 18, 3 ἀκάματον μέν ἐστι πνεῦμα ὁ θεός).

b. good, or at least not expressly evil *spirits* or *spirit-beings* (cf. CIG III 5858b δαίμονες καὶ πνεύματα; Proclus on Pla., Cratyl. p. 69, 6; 12 Pasqu.; En. 15, 4; 6; 8; 10; PGM 3, 8 ἐπικαλοῦμαί σε, ἱερὸν πνεῦμα; 4, 1448; 3080; 12, 249) πνεῦμα w. ἄγγελος (cf. Jos., Ant. 4, 108; Ps.-Clem., Hom. 3, 33; 8, 12) Ac 23: 8f. God is ὁ παντὸς πνεύματος κτίστης καὶ ἐπίσκοπος 1 Cl 59: 3b.—Pl., God the μόνος εὐεργέτης πνευμάτων 1 Cl 59: 3a. Cf. 64 (s. on this Num 16: 22; 27: 16. Prayers for vengeance fr. Rheneia [Dssm., LO 351-5 (LAE 423ff) = Dit., Syll.³ 1181, 2] τὸν θεὸν τὸν κύριον τῶν πνευμάτων; PGM 5, 467 θεὸς θεῶν, ὁ κύριος τῶν πν.; sim. the magic pap.:

PWarr. 21, 24; 26 [III AD]); the πατὴρ τῶν πνευμάτων Hb 12: 9. The intermediary beings that serve God are called λειτουργικὰ πνεύματα Hb 1: 14. In Rv we read of the ἑπτὰ πνεύματα (τοῦ θεοῦ) 1: 4; 3: 1; 4: 5; 5: 6; cf. ASkrinjar, Biblica 16, '35, 1-24; 113-40.—*Ghost* Lk 24: 37, 39.
   c. evil *spirits* (PGM 13, 798; 36, 160), esp. in the accounts of healings in the Synoptics: (τὸ) πνεῦμα (τὸ) ἀκάθαρτον Mt 12: 43; Mk 1: 23, 26; 3: 30; 5: 2, 8; 7: 25; 9: 25a; Lk 8: 29; 9: 42; 11: 24; Rv 18: 2. Pl. (Test. Benj. 5: 2) Mt 10: 1; Mk 1: 27; 3: 11; 5: 13; 6: 7; Lk 4: 36; 6: 18; Ac 5: 16; 8: 7; Rv 16: 13; ending of Mk in the Freer ms. 3.—τὸ πν. τὸ πονηρόν Ac 19: 15f. Pl. (En. 99, 7; Test. Sim. 4: 9; 6: 6, Judah 16: 1) Lk 7: 21; 8: 2; Ac 19: 12f.—πν. ἄλαλον Mk 9: 17; cf. vs. 25b (s. ἄλαλος). πν. πύθων Ac 16: 16 (s. πύθων). πν. ἀσθενείας Lk 13: 11. Cf. 1 Ti 4: 1b. πνεῦμα δαιμονίου ἀκαθάρτου (s. δαιμόνιον 2) 4: 33. πνεύματα δαιμονίων Rv 16: 14 (on the combination of πν. and δαιμ. cf. the love spell Sb 4324, 16f τὰ πνεύματα τῶν δαιμόνων τούτων).—Abs. *demon* Mk 9: 20; Lk 9: 39; Ac 16: 18. Pl. Mt 8: 16; 12: 45; Lk 10: 20; 11: 26.—1 Pt 3: 19 (s. 2 above) belongs here if the πνεύματα refer to demonic powers, evil spirits, fallen angels (so FSpitta, Christi Predigt an die Geister 1890; HGunkel, Zum religionsgesch. Verständnis des NT '03, 72f; WBousset, most recently ZNW 19, '20, 50-66; Rtzst., Herr der Grösse '19, 25ff; Knopf, Windisch, FHauck ad loc.; BReicke, The Disobedient Spirits and Christian Baptism '46, esp. 54-6, 69).—Hermas also has the concept of evil spirits that lead an independent existence, and live and reign within the inner life of a pers.; the Holy Spirit, who also lives or would like to live there, is forced out by them (cf. Test. Dan 4) Hm 5, 1, 2-4; 5, 2, 5-8; 10, 1, 2. τὸ πν. τὸ ἅγιον—ἕτερον πονηρὸν πν. m 5, 1, 2. These πνεύματα are ὀξυχολία m 5, 1, 3; 5, 2, 8 (τὸ πονηρότατον πν.); 10, 1, 2; διψυχία m 9: 11 (ἐπίγειον πν. ἐστι παρὰ τοῦ διαβόλου); 10, 1, 2; λύπη m 10, 1, 2 (πάντων τῶν πνευμάτων πονηροτέρα) and other vices. On the complicated pneuma-concept of the Mandates of Hermas cf. MDibelius, Hdb. exc. after Hm 5, 2, 7.
   5. *the spirit* as that which differentiates God fr. everything that is not God, as the divine power that produces all divine existence, as the divine element in which all divine

life is carried on, as the bearer of every application of the divine will. All those who belong to God possess or receive this spirit and hence have a share in his life. This spirit also serves to distinguish the Christians fr. all unbelievers (cf. PGM 4, 1121ff, where the spirit enters a man and, in accordance w. God's will, separates him fr. himself, i.e. fr. the purely human part of his nature).

a. the Spirit of God, of the Lord (= God) etc. (LXX; Ps.-Phoc. 106; Philo; Joseph. [s. c below]; Sib. Or. 3, 701; Test. Sim. 4: 4. Cf. Plut., Numa 4, 6 πνεῦμα θεοῦ, capable of begetting children) τὸ πν. τοῦ θεοῦ 1 Cor 2: 11b, 14; 3: 16; 6: 11; 1 J 4: 2a; τὸ τοῦ θεοῦ πν. 1 Pt 4: 14. τὸ πν. τὸ ἐκ τοῦ θεοῦ 1 Cor 2: 12b. τὸ πν. κυρίου Ac 5: 9; B 6: 14; 9: 2. τὸ πνεῦμά μου or αὐτοῦ: Mt 12: 18 (Is 42: 1); Ac 2: 17f (Jo 3: 1f.—Cf. IQS iv, 21); 1 Cor 2: 10a t.r.; Eph 3: 16; 1 Th 4: 8 (where τὸ ἅγιον is added); 1 J 4: 13.—τὸ πν. τοῦ πατρὸς ὑμῶν Mt 10: 20. τὸ πν. τοῦ ἐγείραντος τὸν Ἰησοῦν Ro 8: 11a.—Without the art. πν. θεοῦ *the Spirit of God* Mt 3: 16; 12: 28; Ro 8: 9b, 14; 1 Cor 7: 40; 12: 3a; 2 Cor 3: 3 (πν. θεοῦ ζῶντος); Phil 3: 3. πν. κυρίου Lk 4: 18 (Is 61: 1); Ac 8: 39 (like J 3: 8; 20: 22; Ac 2: 4, this pass. belongs on the border-line betw. the mngs. 'wind' and 'spirit' [Diod. S. 3, 60, 3 Ἕσπερον ἐξαίφνης ὑπὸ πνευμάτων συναρπαγέντα μεγάλων ἄφαντον γενέσθαι]). Cf. HLeisegang, Der Hl. Geist I 1, '19, 19ff; OCullmann, Theol. Zeitschr. 4, '48, 364); 1 Cl 21: 2.

b. the Spirit of Christ, of the Lord (= Christ) etc. τὸ πν. Ἰησοῦ Ac 16: 7. (τὸ) πν. Χριστοῦ Ro 8: 9c; 1 Pt 1: 11. τὸ πν. Ἰησ. Χριστοῦ Phil 1: 19. τὸ πν. κυρίου 2 Cor 3: 17b (JHermann, Kyrios und Pneuma, '61). τὸ πν. τοῦ υἱοῦ αὐτοῦ (= θεοῦ) Gal 4: 6. As possessor of the divine Spirit, and at the same time controlling its distribution among men, Christ is called κύριος πνεύματος *Lord of the Spirit* 2 Cor 3: 18 (cf. Windisch ad loc.); but many prefer to transl. *from the Lord who is the Spirit.*—CFDMoule, OCullmann-Festschr., '72, 231-7.

c. Because of his heavenly origin and nature this Spirit is called *(the) Holy Spirit* (cf. PGM 4, 510 ἵνα πνεύσῃ ἐν ἐμοὶ τὸ ἱερὸν πνεῦμα.—Neither Philo nor Josephus called the Spirit πν. ἅγιον; the former used θεῖον or θεοῦ πν., the latter πν. θεῖον: Ant. 4, 118; 8, 408; 10, 239).

α. w. the art. τὸ πνεῦμα τὸ ἅγιον (Is 63: 10f; Ps 50: 13; 142: 10 v.l.; cf. Sus 45 Theod.) Mt 12: 32= Mk 3: 29 (= Lk

12: 10 [τὸ ἅγιον πνεῦμα]. On the 'sin against the Holy Spirit' cf. HLeisegang, Pneuma Hagion '22, 96-112; AFridrichsen, Le péché contre le Saint-Esprit: RHPhr 3, '23, 367-72); Mk 12: 36; 13: 11; Lk 2: 26; 3: 22; 10: 21; J 14: 26; Ac 1: 16; 2: 33; 5: 3, 32; 7: 51; 8: 18 t.r.; 10: 44, 47; 11: 15; 13: 2; 15: 8, 28; 19: 6; 20: 23, 28; 21: 11; 28: 25; Eph 1: 13 (τὸ πν. τῆς ἐπαγγελίας τὸ ἅγιον); 4: 30 (τὸ πν. τὸ ἅγιον τοῦ θεοῦ); Hb 3: 7; 9: 8; 10: 15; 1 Cl 13: 1; 16: 2; 18: 11 (Ps 50: 13); 22: 1; IEph 9: 1; Hs 5, 5, 2; 5, 6, 5-7 (on the relationship of the Holy Spirit to the Son in Hermas cf. ALink, Christi Person u. Werk im Hirten des Hermas 1886; JvWalter, ZNW 14, '13, 133-44; MDibelius, Hdb. exc. after Hs 5, 6, 8 p. 572-6).—τὸ ἅγιον πνεῦμα (Wsd 9: 17) Mt 28: 19; Lk 12: 10 (s. above), 12; Ac 1: 8; 2: 38 (epexegetic gen.); 4: 31; 9: 31; 10: 45; 13: 4; 16: 6; 1 Cor 6: 19; 2 Cor 13: 13; 1 J 5: 7 t.r. As the mother of Jesus GH 5 (HLeisegang, Pneuma Hagion '22, 64ff; Selma Hirsch, D. Vorstellg. v. e. weibl. πνεῦμα ἅγ. im NT u. in d. ältesten christl. Lit. '27. Also WBousset, Hauptprobleme der Gnosis '07, 9ff).

β. without the art. (cf. Bl-D. §257, 2; Rob. 761; 795) πνεῦμα ἅγιον (PGM 3, 289; Da 5: 12 LXX. S. also Theod. Da 4: 8, 9, 18 θεοῦ πνεῦμα ἅγιον or πνεῦμα θεοῦ ἅγιον) Mk 1: 8; Lk 1: 15, 35, 41, 67; 2: 25; 4: 1; 11: 13; J 20: 22 (Cassien, La pentecôte johannique [J 20: 19-23] '39.—Cf. also IQS iv, 20f); Ac 2: 4a; 4: 8; 7: 55; 8: 15, 17, 19; 9: 17; 10: 38; 11: 24; 13: 9; 19: 2a, b; Hb 2: 4; 6: 4; 1 Pt 1: 12; 1 Cl 2: 2.—So oft. in combination w. a prep.: διὰ πνεύματος ἁγίου Ac 1: 2; 4: 25; Ro 5: 5; 2 Ti 1: 14; 1 Cl 8: 1 (cf. διὰ πν. αἰωνίου Hb 9: 14). ἐκ πνεύματος ἁγίου (Euseb., Pr. Ev. 3, 12, 3 of the Egyptians: ἐκ τ. πνεύματος οἴονται συλλαμβάνειν τὸν γῦπα. Here πνεῦμα= 'wind'; s. Horapollo 1, 11 p. 14f. The same of other birds since Aristot.—On the neut. πνεῦμα as a masc. principle cf. Aristoxenus, fgm. 13 of the two original principles: πατέρα μὲν φῶς, μητέρα δὲ σκότος) Mt 1: 18, 20; IEph 18: 2. ἐν πνεύματι ἁγίῳ (PsSol 17: 37) Mt 3: 11; Mk 1: 8 v.l.; Lk 3: 16; J 1: 33b; Ac 1: 5 (cf. IQS 3, 7f); 11: 16; Ro 9: 1; 14: 17; 15: 16; 1 Cor 12: 3b; 2 Cor 6: 6; 1 Th 1: 5; 1 Pt 1: 12 (without ἐν 𝔓[72] et al.); Jd 20. ὑπὸ πνεύματος ἁγίου 2 Pt 1: 21. Cf. ἐν δυνάμει πνεύματος ἁγίου Ro 15: 13, 19 (v.l.). μετὰ χαρᾶς πνεύματος ἁγίου 1 Th 1: 6. διὰ ἀνακαινώσεως πνεύματος ἁγίου Tit 3: 5.

d. abs.—α. w. the art. τὸ πνεῦμα. In this connection the art. is perh. used anaphorically at times, w. the second mention of a word (s. Bl-D. §252; Rob. 762); perh. Mt 12: 31 (looking back to vs. 28 πν. θεοῦ); Mk 1: 10, 12 (cf. vs. 8 πν. ἅγιον); Lk 4: 1b, 14 (cf. vs. 1a); Ac 2: 4b (cf. a).—As a rule it is not possible to assume that anaphora is present: Mt 4: 1; J 1: 32, 33a; 3: 6a, 8b, 34; 7: 39a; Ac 8: 29; 10: 19; 11: 12, 28; 19: 1 D; 20: 3 D, 22; 21: 4; Ro 8: 23 (ἀπαρχή 2, end), 26a, 27; 12: 11; 15: 30; 2 Cor 1: 22 and 5: 5 (s. ἀρραβών); 12: 18 (τῷ αὐτῷ πν.); Gal 3: 2, 5, 14 (ἐπαγγελία 2b); Eph 4: 3 (gen. of the author); 6: 17 (perh. epexegetic gen.); 1 Ti 4: 1a; Js 4: 5; 1 J 3: 24; 5: 6a, b (ℵA et al. add καὶ πνεύματος to the words δι' ὕδατος κ. αἵματος at the beg. of the verse; this is approved by HermvSoden, Moffatt, Vogels, Merk, and w. reservations by CHDodd, The Joh. Epistles '46, TWManson, JTS 48, '47, 25-33), 8; Rv 2: 7, 11, 17, 29; 3: 6, 13, 22; 14: 13; 22: 17; B 19: 2, 7 = D 4: 10 (s. ἑτοιμάζω 2). ἐν τῷ πνεύματι (lead) by the Spirit Lk 2: 27.—Paul equates this Spirit of God, known to every Christian, with Christ ὁ κύριος τὸ πνεῦμά ἐστιν 2 Cor 3: 17a (UHolzmeister, 2 Cor 3: 17 Dominus autem Spiritus est '08; JBNisius, Zur Erklärung v. 2 Cor 3: 16ff: ZkTh 40, '16, 617-75; JKögel, Ὁ κύριος τὸ πνεῦμά ἐστιν: ASchlatter-Festschr. '22, 35-46; Ch Guignebert, Congr. d'Hist. du Christ. II '28, 7-22; E Fuchs, Christus u. d. Geist b. Pls '32; HMHughes, ET 45, '34, 235f; CLattey, Verb. Dom. 20, '40, 187-9; DRGriffiths ET 55, '43, 81-3; HIngo, Kyrios und Pneuma, '61 [Paul]); JDDunn, JTS 21, '70, 309-20).

β. without the art. πνεῦμα B 1: 3. κοινωνία πνεύματος Phil 2: 1 (κοινωνία 1 and 2). πνεύματι in the Spirit or through the Spirit Gal 3: 3; 5: 5, 16, 18; 1 Pt 4: 6. εἰ ζῶμεν πνεύματι, πνεύματι καὶ στοιχῶμεν if we live by the Spirit, let us also walk by the Spirit Gal 5: 25. Freq. used w. a prep.: διὰ πνεύματος 1 Pt 1: 22 t.r. ἐξ (ὕδατος καὶ) πνεύματος J 3: 5. ἐν πνεύματι in, by, through the Spirit Mt 22: 43; Eph 2: 22; 3: 5; 5: 18; 6: 18; Col 1: 8 (ἀγάπη ἐν πνεύματι love called forth by the Spirit); B 9: 7. κατὰ πνεῦμα Ro 8: 4f; Gal 4: 29. ἐν ἁγιασμῷ πνεύματος 2 Th 2: 13; 1 Pt 1: 2 (s. ἁγιασμός).—In neg. expressions: οὔπω ἦν πνεῦμα the Spirit had not yet come J 7: 39b. ψυχικοὶ πνεῦμα μὴ ἔχοντες worldly men, who do not have the Spirit Jd 19.—ἓν πνεῦμα one and the same Spirit 1 Cor

12: 13; Eph 2: 18; 4: 4; *one* (*in*) *Spirit* 1 Cor 6: 17.
   e. The Spirit is more closely defined by a gen. of the thing: τὸ πν. τῆς ἀληθείας (Test. Judah 20: 5) J 14: 17; 15: 26; 16: 13 (in these three places the *Spirit of Truth* is the Paraclete promised by Jesus upon his departure); 1 J 4: 6 (opp. τὸ πνεῦμα τῆς πλάνης, as Test. Jud. 20: 1; cf. IQS 4, 23); τὸ τῆς δόξης πν. 1 Pt 4: 14. τὸ πν. τῆς ζωῆς *the Spirit of Life* Ro 8: 2. τὸ πν. τῆς πίστεως 2 Cor 4: 13. πν. σοφίας καὶ ἀποκαλύψεως Eph 1: 17. πν. υἱοθεσίας Ro 8: 15b (opp. πν. δουλείας vs. 15a). πν. δυνάμεως καὶ ἀγάπης καὶ σωφρονισμοῦ 2 Ti 1: 7 (opp. πν. δειλίας). τὸ πν. τῆς χάριτος (s. Test. Jud. 24: 2) Hb 10: 29 (Zech 12: 10); cf. 1 Cl 46: 6.
   f. Of Christ: (ἐγένετο) ὁ ἔσχατος Ἀδὰμ εἰς πνεῦμα ζῳοποιοῦν 1 Cor 15: 45. The scripture pass. upon which the first part of this verse is based is Gen 2: 7, where Wsd 15: 11 also substitutes the words πνεῦμα ζωτικόν for πνοὴν ζωῆς. Cf. on the other hand Philo, Leg. All. 1, 42 and s. the lit. s.v. Ἀδάμ ad loc.
   g. The (divine) Pneuma stands in contrast to everything that characterizes this age or the finite world gener.: οὐ τὸ πν. τοῦ κόσμου ἀλλὰ τὸ πν. τὸ ἐκ τοῦ θεοῦ 1 Cor 2: 12; cf. Eph 2: 2; 1 Ti 4: 1a, b.
   α. in contrast to σάρξ, which is more closely connected w. sin than any other earthly material: J 3: 6; Ro 8: 4-6, 9a, 13; Gal 3: 3; 5: 17a, b; 6: 8. Cf. B 10: 9. πᾶσα ἐπιθυμία κατὰ τοῦ πνεύματος στρατεύεται Pol 5: 3.
   β. in contrast to the σῶμα (= σάρξ) Ro 8: 10 and to the σάρξ (= σῶμα, as many hold) J 6: 63a (for τὸ πν. ἐστιν τὸ ζῳοποιοῦν cf. Philo, Op. Mund. 30; Herm. Wr. in Cyrill., C. Jul. I 556c= 542, 24 Sc. the pneuma τὰ πάντα ζῳοποιεῖ καὶ τρέφει. S. also f above). Cf. Ro 8: 11b.
   γ. in contrast to γράμμα, which is the characteristic quality of God's older declaration of his will in the law: Ro 2: 29; 7: 6; 2 Cor 3: 6a, b, 8 (cf. vs. 7).—**δ.** in contrast to the wisdom of men 1 Cor 2: 13.
   6. The Divine Spirit reveals his presence in the persons whom he fills, in various ways (cf. HPreisker, Geist u. Leben '33).
   a. πνεῦμα is accompanied by another noun, which characterizes the working of the Spirit more definitely: πνεῦμα καὶ δύναμις *Spirit and power* Lk 1: 17; 1 Cor 2: 4.

Cf. Ac 10: 38; 1 Th 1: 5. πνεῦμα καὶ ζωή J 6: 63b. πνεῦμα κ. σοφία Ac 6: 3; cf. vs. 10 (cf. Test. Reub. 2: 6 πνεῦμα λαλίας). πίστις κ. πνεῦμα ἅγιον 6: 5. χαρὰ καὶ πνεῦμα ἅγ. 13: 52.

b. Unless he is frustrated by man in his natural condition, the Spirit produces a spiritual type of conduct Gal 5: 16, 25 and produces the καρπὸς τοῦ πνεύματος vs. 22 (s. Vögtle under πλεονεξία).

c. The Spirit inspires the men of God B 12: 2; 13: 5, above all, in their capacity as proclaimers of a divine revelation (Strabo 9, 3, 5 the πνεῦμα ἐνθουσιαστικόν, that inspired the Pythia; Περὶ ὕψους 13, 2; 33, 5 of the divine πν. that impels prophets and poets to express themselves; schol. on Pla. 856E of the μάντις: ἄνωθεν λαμβάνειν τὸ πνεῦμα καὶ πληροῦσθαι τοῦ θεοῦ; Aristobulus in Euseb., Pr. Ev. 8, 10, 4 τὸ θεῖον πν., καθ' ὃ καὶ προφήτης ἀνακεκήρυκται. Cf. Marinus, Vi. Procli 23 of Proclus: οὐ γὰρ ἄνευ θείας ἐπινοίας... διαλέγεσθαι). προφητεία came into being only as ὑπὸ πνεύματος ἁγίου φερόμενοι ἐλάλησαν ἀπὸ θεοῦ ἄνθρωποι 2 Pt 1: 21; cf. Ac 15: 29 v.l. Cf. 1 Cl 8: 1. David Mt 22: 43; Mk 12: 36; cf. Ac 1: 16; 4: 25. Isaiah Ac 28: 25. Moses B 10: 2, 9; the Spirit was also active in giving the tables of the law to Moses 14: 2. Christ himself spoke in the OT διὰ τοῦ πνεύματος τοῦ ἁγίου 1 Cl 22: 1. The ἱεραὶ γραφαί are called αἱ διὰ τοῦ πν. τοῦ ἁγίου 45: 2.—The Christian prophet Agabus also ἐσήμαινεν διὰ τοῦ πν. Ac 11: 28; cf. Ac 21: 11. Likew. Ign. IPhld 7: 2. In general *the Spirit* reveals the most profound secrets to those who believe 1 Cor 2: 10a, b.—1 Cl claims to be written διὰ τοῦ ἁγ. πν. 63: 2.

d. The Spirit of God, being one, shows the variety and richness of his life in the different kinds of spiritual gifts which are granted to certain Christians 1 Cor 12: 4, 7, 11; cf. vs. 13a, b.—Vss. 8-10 enumerate the individual *gifts of the Spirit*, using various prepositions: διὰ τοῦ πν. vs. 8 a; κατὰ τὸ πν. vs. 8b; ἐν τῷ πν. vs. 9a, b. τὸ πν. μὴ σβέννυτε *do not quench the Spirit* 1 Th 5: 19 refers to the gift of prophecy, acc. to vs. 20.—The use of the pl. πνεύματα is explained in 1 Cor 14: 12 by the varied nature of the Spirit's working; in vs. 32 by the number of persons who possess the prophetic spirit; on the latter cf. Rv 22: 6 and 19: 10.

e. One special type of spiritual gift is represented by ecstatic speaking. Of those who 'speak in tongues' that no earthly person can understand, and do so under the influence of the Pneuma: πνεύματι λαλεῖ μυστήρια 1 Cor 14: 2. Cf. vss. 14–6 and s. νοῦς 1. τὸ πνεῦμα ὑπερεντυγχάνει στεναγμοῖς ἀλαλήτοις Ro 8: 26b. Of speech that is ecstatic, but expressed in words that can be understood λαλεῖν ἐν πνεύματι D 11: 7, 8; cf. vs. 9 (on the subject-matter 1 Cor 12: 3; Jos., Ant. 4, 118f). Of the state of mind of the seer of the Apocalypse: ἐν πνεύματι Rv 17: 3; 21: 10; γενέσθαι ἐν πν. 1: 10; 4: 2 (cf. γίνομαι II 4a, ἐν I 5d and EMoering, StKr 92, '20, 148–54). On the Spirit at Pentecost Ac 2: 4 cf. KLake: Beginn. I 5, '33, 111–21.

f. The Spirit leads and directs Christian missionaries in their journeys (Aelian, N.A. 11, 16 the young women are led blindfolded to the cave of the holy serpent; they are guided by a πνεῦμα θεῖον) Ac 16: 6, 7 (by dreams, among other methods; cf. vs. 9f and s. Marinus, Vi. Procli 27: Proclus ἔφασκεν προθυμηθῆναι μὲν πολλάκις γράψαι, κωλυθῆναι δὲ ἐναργῶς ἔκ τινων ἐνυπνίων).

7. Only rarely do we read in our lit. of persons who are possessed by a spirit that is not fr. God: πν. ἕτερον a *different* (kind of) *spirit* 2 Cor 11: 4. Cf. 2 Th 2: 2; 1 J 4: 1–3. Because there are persons activated by such spirits, it is necessary to test the var. kinds of *spirits* (the same problem Artem. 3, 20 περὶ διαφορᾶς μάντεων, οἷς δεῖ προσέχειν καὶ οἷς μή) 1 Cor 12: 10; 1 J 4: 1b. ὁ διάβολος πληροῖ αὐτὸν αὐτοῦ πν. Hm 11: 3. Also οὐκ οἴδατε ποίου πνεύματός ἐστε Lk 9: 55 v.l. distinguishes betw. the spirit shown by Jesus' disciples, and another kind of spirit.— Even more rarely God gives a spirit that is not his own; so (in a quot. fr. Is 29: 10) a πνεῦμα κατανύξεως Ro 11: 8.

8. *The Spirit* appears as an independent personality in formulas that became more and more fixed and distinct (cf. Ps.-Lucian, Philopatr. 12 θεόν, υἱὸν πατρός, πνεῦμα ἐκ πατρὸς ἐκπορευόμενον ἓν ἐκ τριῶν καὶ ἐξ ἑνὸς τρία, ταῦτα νόμιζε Ζῆνα, τόνδ' ἡγοῦ θεόν. The whole context is influenced by Christianity): βαπτίζοντες αὐτοὺς εἰς τὸ ὄνομα τοῦ πατρὸς καὶ τοῦ υἱοῦ καὶ τοῦ ἁγίου πνεύματος Mt 28: 19 (on the text s. βαπτίζω 2bβ; on the subject-matter GWalther, Die Entstehung des Taufsymbols aus dem Taufritus: StKr 95, '24, 256ff); D 7: 1, 3. Cf. 2 Cor 13: 13; 1 Cl 58: 2; IEph 9: 1; IMg 13: 1b, 2; MPol 14: 3;

22: 1, 3; Epil Mosq 4. On this s. HUsener, Dreiheit: RhM 58, '03, 1ff; 161ff; 321ff; esp. 36ff; EvDobschütz, Zwei- u. dreigliedrige Formeln: JBL 50, '31, 116–47 (also Heinrici-Festschr. '14, 92–100); Norden, Agn. Th. 228ff; JMMainz, Die Bed. der Dreizahl im Judentum '22; Clemen² 125–8; NSöderblom, Vater, Sohn u. Geist '09; DNielsen, Der dreieinige Gott I '22; GKrüger, Das Dogma v. der Dreieinigkeit '05, 46ff; AHarnack, Entstehung u. Entwicklung der Kirchenverfassung '10, 187ff; JHaussleiter, Trinitarischer Glaube u. Christusbekenntnis in der alten Kirche: BFChTh XXV 4, '20; JLebreton, Histoire du dogme de la Trinité I: Les origines⁶ '27; RBlümel, Pls u. d. dreieinige Gott '29.—On the whole word FRüsche, D. Seelenpneuma '33; HLeisegang, Der Hl. Geist I 1, '19; EDBurton, ICC Gal. '21, 486–95; PVolz, Der Geist Gottes u. d. verwandten Erscheinungen im AT '10; JHehn, Zum Problem des Geistes im alten Orient u. im AT: ZAW n.s. 2, '25, 210–25; SLinder, Studier till Gamla Testamentets föreställningar om anden '26; AMarmorstein, Der Hl. Geist in der rabb. Legende: ARW 28, '30, 286–303; NHSnaith, The Distinctive Ideas of the OT '46, 229–37; FWDillistone, Bibl. Doctrine of the Holy Spirit: Theology Today 3, '46/'47, 486–97; TNicklin, Gospel Gleanings '50, 341–6; ESchweizer, CHDodd-Festschr., '56, 482–508; DLys, Rûach, Le Souffle dans l'AT, '62; DHill, Gk. Words and Hebr. Mngs. '67, 202–93.—HGunkel, Die Wirkungen des Hl. Geistes² 1899; HWeinel, Die Wirkungen des Geistes u. der Geister im nachap. Zeitalter 1899; EWWinstanley, The Spirit in the NT '08; HBSwete, The Holy Spirit in the NT '09, The Holy Spirit in the Ancient Church '12; EFScott, The Spirit in the NT '23; FBüchsel, Der Geist Gottes im NT '26; EvDobschütz, Der Geistbesitz des Christen im Urchristentum: Monatsschr. für Pastoraltheol. 20, '24, 228ff; FJBadcock, 'The Spirit' and Spirit in the NT: ET 45, '34, 218–21; RBultmann, Theologie des NT '48, 151–62 (Eng. transl. KGrobel, '51, I 153–64); ESchweizer, Geist u. Gemeinde im NT '52, Interpretation 6, '52, 259–78.—WTosetti, Der Hl. Geist als göttliche Pers. in den Evangelien '18; HLeisegang, Pneuma Hagion. Der Ursprung des Geistbegriffs der syn. Ev. aus der griech. Mystik '22; AFrövig, Das Sendungsbewusstsein Jesu u. der Geist '24; HWindisch, Jes. u. d. Geist nach syn. Überl.: Studies in Early Christianity, presented to FCPorter and BWBacon '28, 209-36; FCSynge, The Holy Spirit in the Gospels and Acts: ChQR 120, '35, 205-17; CKBarrett, The Holy Spirit and the Gospel Trad. '47.— ESokolowski, Die Begriffe Geist u. Leben bei Pls '03; KDeissner, Auferstehungshoffnung u. Pneumagedanke bei Pls '12; GVos, The Eschatological Aspect of the Pauline Conception of the Spirit: Bibl. and Theol. Studies by the Faculty of Princeton Theol. Sem. '12, 209-59; HBertrams, Das Wesen des Geistes nach d. Anschauung des Ap. Pls '13; WReinhard, Das Wirken des Hl. Geistes im Menschen nach den Briefen des Ap. Pls '18; HRHoyle, The Holy Spirit in St. Paul '28; PGächter, Z. Pneumabegriff des hl. Pls: ZkTh 53, '29, 345-408; ASchweitzer, D. Mystik des Ap. Pls '30, 159-74 al. [Mysticism of Paul the Apostle, tr. WMontgomery '31, 160-76 al.]; E-BAllo, Sagesse et Pneuma dans la prem. épître aux Cor: RB 43, '34, 321-46; Ltzm., Hdb. exc. after Ro 8: 11; Synge [s. above], the Spirit in the Paul. Ep.: ChQR 119, '35, 79-93; NAWaaning, Onderzoek naar het gebruik van $\pi\nu\epsilon\hat{u}\mu\alpha$ bij Pls, Diss. Amsterd. '39; RJewett, Paul's Anthropological Terms, '71, 167-200.—HvBaer, Der Hl. Geist in den Lukasschriften '26; MGoguel, La Notion joh. de l'Esprit '02; JGSimpson, The Holy Spirit in the Fourth Gospel: Exp., 9th Ser. IV '25, 292-9; HWindisch, Jes. u. d. Geist im J.: Amicitiae Corolla (RHarris-Festschr.) '33, 303-18; WFLofthouse, The Holy Spirit in Ac and J: ET 52, '40/'41, 334-6; CKBarrett, The Holy Spirit in the Fourth Gospel: JTS 1 new series, '50, 1-15; FJCrump, Pneuma in the Gospels, Diss. Catholic Univ. of America, '54; GWH Lampe, Studies in the Gospels (RHLightfoot memorial vol.) '55, 159-200; NQHamilton, The Holy Spirit and Eschatology in Paul, '57; WDDavies, Paul and the Dead Sea Scrolls: Flesh and Spirit, in The Scrolls and the NT, ed. KStendahl, '57, 157-82.—GJohnston, 'Spirit' and 'Holy Spirit' in the Qumran Lit., in NT Sidelights (AC Purdy-Festschr.) '60, 27-42; JPryke, 'Spirit' and 'Flesh' in Qumran and NT, Revue de Qumran 5, '65, 346-60; HBraun, Qumran und d. NT II, '66, 150-64; DHill, Greek Words and Hebrew Meanings, '67, 202-93; WBieder, Pneumatolog. Aspekte im Hb, OCullmann-Festschr. '72, 251-9.—HKleinknecht, ESchweizer et al., TW VI 330-453: $\pi\nu\epsilon\hat{u}\mu\alpha$ and related words. M-M. B. 260; 1087.**

ψυχή, ῆς, ἡ (Hom. +; inscr., pap., LXX, En., Ep. Arist., Philo, Joseph., Test. 12 Patr., Sib. Or.) *soul, life*; it is oft. impossible to draw hard and fast lines betw. the meanings of this many-sided word.

1. lit.—**a.** of life on earth in its external, physical aspects—**α.** (*breath of*) *life, life-principle, soul,* of animals (Galen, Protr. 13 p. 42, 27 John; Gen 9: 4) Rv 8: 9. As a rule of human beings (Gen 35: 18; 3 Km 17: 21) Ac 20: 10. When it leaves the body death occurs Lk 12: 20 (cf. Jos., C. Ap. 1, 164). The soul is delivered up to death 1 Cl 16: 13 (Is 53: 12), whereupon it leaves the realm of earth and lives on in Hades (Lucian, Dial. Mort. 17, 2; Jos., Ant. 6, 332) Ac 2: 27 (Ps 15: 10), 31 t.r. or some other place outside the earth Rv 6: 9; 20: 4; AP 10: 25 (Himerius, Or. 8[23]: his consecrated son [παῖς ἱερός 7] Rufinus, when he dies, leaves his σῶμα to the death-demon, while his ψυχή goes into οὐρανός, to live w. the gods 23).—B 5: 13 (s. Ps 21: 21).

β. *earthly life* itself (Diod. S. 1, 25, 6 δοῦναι τὴν ψυχήν =give life back [to the dead Horus]; 3, 26, 2; 14, 65, 2; 16, 78, 5; Jos., Ant. 18, 358 σωτηρία τῆς ψυχῆς; 14, 67) ζητεῖν τὴν ψυχήν τινος Mt 2: 20 (cf. Ex 4: 19); Ro 11: 3 (3 Km 19: 10, 14). δοῦναι τὴν ψυχὴν ἑαυτοῦ (cf. Eur., Phoen. 998) Mt 20: 28; Mk 10: 45; John says for this τιθέναι τὴν ψυχήν J 10: 11, 15, 17, (18); 13: 37f; 15: 13; 1 J 3: 16a, b; παραδιδόναι Ac 15: 26; Hs 9, 28, 2. παραβολεύεσθαι τῇ ψυχῇ Phil 2: 30 (s. παραβολεύομαι). To love one's own life Rv 12: 11; cf. B 1: 4; 4: 6; 19: 5; D 2: 7. Life as prolonged by nourishment Mt 6: 25a, b; Lk 12: 22f. Cf. 14: 26; Ac 20: 24; 27: 10, 22; 28: 19 v.l.; Ro 16: 4. S. also 1d below.

b. *the soul* as seat and center of the inner life of man in its many and varied aspects—**α.** of the desire for luxurious living (cf. the OT expressions Ps 106: 9; Pr 25: 25; Is 29: 8; 32: 6; Bar 2: 18b. But also X., Cyr. 8, 7, 4; inscr. in Ramsay, Phrygia I 2 p. 477 no. 343, 5 the soul as the seat of enjoyment of the good things in life) of the rich man ἐρῶ τῇ ψυχῇ μου· ψυχή, ἀναπαύου, φάγε, πίε, εὐφραίνου Lk 12: 19 (cf. Aelian, V.H. 1, 32 εὐφραίνειν τὴν ψυχήν; X., Cyr. 6, 2, 28 ἡ ψυχὴ ἀναπαύσεται.—The address to the ψυχή as PsSol 3, 1; Cyranides p. 41, 27). Cf. Rv 18: 14.—

β. of evil desires 2 Cl 16: 2; 17: 7.

γ. of feelings and emotions (Anacr., fgm. 4 Diehl²;

Diod. S. 8, 32, 3; Sib. Or. 3, 558) περίλυπός ἐστιν ἡ ψυχή μου (cf. Ps 41: 6, 12; 42: 5) Mt 26: 38; Mk 14: 34. ἡ ψυχή μου τετάρακται J 12: 27; cf. Ac 2: 43 (s. 2 below).— Lk 1: 46; 2: 35; J 10: 24; Ac 14: 2, 22; 15: 24; Ro 2: 9; 1 Th 2: 8 (τὰς ἑαυτῶν ψυχάς *our hearts full of love*); Hb 12: 3; 2 Pt 2: 8; 1 Cl 16: 12 (Is 53: 11); 23: 3 (scriptural quot. of unknown origin); B 3: 1, 3, 5b (cf. on these three passages Is 58: 3, 5, 10b); 19: 3; Hm 4, 2, 2; 8: 10; s 1: 8; 7: 4; D 3: 9a, b. It is also said of God in the anthropomorphic manner of expr. used by the OT ὁ ἀγαπητός μου ὃν εὐδόκησεν ἡ ψυχή μου Mt 12: 18 (cf. Is 42: 1); cf. Hb 10: 38 (Hab 2: 4).—One is to love God ἐν ὅλῃ τῇ ψυχῇ Mt 22: 37; Lk 10: 27. Also ἐξ ὅλης τῆς ψυχῆς (Dt 6: 5; 10: 12; 11: 13) Mk 12: 30, 33 t.r.; Lk 10: 27 t.r. (Epict. 2, 23, 42; 3, 22, 18; 4, 1, 131; M. Ant. 12, 29; Sextus 379.—X., Mem. 3, 11, 10 ὅλῃ τῇ ψυχῇ). ἐκ ψυχῆς *from the heart, gladly* (Jos., Ant. 17, 177.—The usual form is ἐκ τῆς ψυχῆς: X., An. 7, 7, 43, Apol. 18 al.; Theocr. 8, 35) Eph 6: 6; Col 3: 23; ἐκ ψυχῆς σου B 3: 5a (Is 58: 10a); 19: 6. μιᾷ ψυχῇ *with one mind* (Dio Chrys. 19[36], 30) Phil 1: 27; cf. Ac 4: 32 (on the combination w. καρδία s. that word 1bη and Ep. Arist. 17); 2 Cl 12: 3 (s. 1 Ch 12: 39b; Diog. L. 5, 20 ἐρωτηθεὶς τί ἐστι φίλος, ἔφη· μία ψυχὴ δύο σώμασιν ἐνοικοῦσα).

c. *the soul* as seat and center of life that transcends the earthly (Pla., Phaedo 28 p. 80A; B; Paus. 4, 32, 4 ἀθάνατός ἐστιν ἀνθρώπου ψ.). As such it can receive divine salvation σῴζου σὺ καὶ ἡ ψυχή σου *be saved, you and your soul* Agr 5 (JoachJeremias, Unknown Sayings of Jesus, tr. Fuller, '57, 61-4). σῴζειν τὰς ψυχάς Js 1: 21. ψυχὴν ἐκ θανάτου 5: 20; cf. B 19: 10; Hs 6, 1, 1 (on the death of the soul s. Achilles Tat. 7, 5, 3 τέθνηκας θάνατον διπλοῦν, ψυχῆς κ. σώματος). σωτηρία ψυχῶν 1 Pt 1: 9. περιποίησις ψυχῆς Hb 10: 39. It can also be lost 2 Cl 15: 1; B 20: 1; Hs 9, 26, 3. Men cannot injure it, but God can hand it over to destruction Mt 10: 28a, b. ζημιωθῆναι τὴν ψυχήν (ζημιόω 1) Mt 16: 26a; Mk 8: 36 (FCGrant, Introd. to NT Thought, '50, 162); 2 Cl 6: 2. There is nothing more precious than ψυχή in this sense Mt 16: 26b; Mk 8: 37. It stands in contrast to σῶμα, in so far as it is σάρξ (cf. Dit., Or. 383, 42 [I BC]) Dg 6: 1-9. The believer's soul knows God 2 Cl 17: 1. One Christian expresses the hope that all is well w. another's soul 3 J 2 (s. εὐοδόω). For the soul of the Christian is subject to temptations 1 Pt 2: 11; 2 Pt 2: 14, longs for rest Mt 11: 29, and must be made holy 1 Pt 1: 22 (cf. Jer 6: 16). The soul must be entrusted to God 1 Pt 4: 19; cf. 1 Cl 27: 1. Christ is its ποιμὴν καὶ ἐπίσκοπος (s. ἐπίσκοπος 1) 1 Pt 2: 25; its ἀρχιερεὺς καὶ προστάτης 1 Cl 61: 3; its σωτήρ MPol 19: 2. Apostles and overseers are concerned about the souls of the believers 2 Cor 12: 15; Hb 13: 17. The Christian hope is called the *anchor of the soul* 6: 19. Paul calls God as a witness against his soul; if he is lying, he will forfeit his salvation 2 Cor 1: 23.—Also *life* of this same kind κτήσεσθε τὰς ψυχὰς ὑμῶν *you will gain life for yourselves* Lk 21: 19.

d. Since the soul is the center of both the earthly (1a) and the supernatural (1c) life, a man can find himself facing the question in which character he wishes to preserve it for himself: ὃς ἐὰν θέλῃ τὴν ψυχὴν αὐτοῦ σῶσαι, ἀπολέσει αὐτήν· ὃς δ' ἂν ἀπολέσει τὴν ψυχὴν αὐτοῦ ἕνεκεν ἐμοῦ, σώσει αὐτήν Mk 8: 35. Cf. Mt 10: 39; 16: 25; Lk 9: 24; 17: 33; J 12: 25. The contrast betw. τὴν ψυχὴν εὑρεῖν and ἀπολέσαι is found in Mt 10: 39a, b (cf. HGrimme, BZ 23, '35, 263f); 16: 25b; σῶσαι and ἀπολέσαι vs. 25a; Mk 8: 35a, b; Lk 9: 24a, b; περιποιήσασθαι, ζῳογονῆσαι and ἀπολέσαι 17: 33; φιλεῖν and ἀπολλύναι J 12: 25a; μισεῖν and φυλάσσειν vs. 25b.

e. On the combination of ψυχή and πνεῦμα in 1 Th 5: 23; Hb 4: 12 s. πνεῦμα 3a, end.—A-JFestugière, L'idéal religieux des Grecs et l'Évangile '32, 212–17.—A unique combination is . . . σωμάτων, καὶ ψυχὰς ἀνθρώπων, someth. like *slaves and bondmen* Rv 18: 13 (cf. Ezk 27: 13).

f. In var. Semitic languages the reflexive relationship is paraphrased with נֶפֶשׁ (secular parallels in W-S. §22, 18b note 33); the corresp. use of ψυχή may be detected in certain passages in our lit., esp. in quots. fr. the OT and in places where OT modes of expr. have had considerable influence (Bl-D. §283, 4; W-S. §22, 18b; Mlt. 87; 105 n. 2; Rob. 689; KHuber, Untersuchungen über d. Sprachcharakter des griech. Lev., Zürich Diss., Giessen '16, 67); these may be cited: Mt 11: 29; 26: 38; Mk 10: 45; 14: 34;

Lk 12: 19; 14: 26; J 10: 24; 12: 27; 2 Cor 1: 23; 3 J 2; Rv 18: 14; 1 Cl 16: 11 (Is 53: 10); B 3: 1, 3 (Is 58: 3, 5); 4: 2; 17: 1. Cf. also 2 Cor 12: 15; Hb 13: 17.

2. by metonymy *that which possesses life* or *a soul* ψυχὴ ζῶσα (s. Gen 1: 24) *a living creature* Rv 16: 3 t.r. ἐγένετο Ἀδὰμ εἰς ψυχὴν ζῶσαν 1 Cor 15: 45 (Gen 2: 7. S. πνεῦμα 5f). ψυχὴ ζωῆς Rv 16: 3.—πᾶσα ψυχή *everyone* (Lev 7: 27; 23: 29 al.) Ac 2: 43; 3: 23 (Lev 23: 29); Ro 2: 9; 13: 1; 1 Cl 64; Hs 9, 18, 5.—Pl. *persons,* lit. *souls* (class.; PTebt. 56, 11 [II BC] σῶσαι ψυχὰς πολλάς; LXX) ψυχαὶ ὡσεὶ τρισχίλιαι Ac 2: 41; cf. 7: 14 (Ex 1: 5); 27: 37; 1 Pt 3: 20.—This may also be the place for ἔξεστιν ψυχὴν σῶσαι ἢ ἀποκτεῖναι; *is it permissible to save a living person (a human life* is also poss.*) or must we let him die?* Mk 3: 4; Lk 6: 9. Cf. 9: 56 t.r.—EHatch, Essays in Bibl. Gk. 1889, 112-24; ERohde, Psyche⁹⁻¹⁰ '25; JBöhme, D. Seele u. das Ich im homer. Epos '29; EDBurton, Spirit, Soul and Flesh '18; FRüsche, Blut, Leben u. Seele '30; MLichtenstein, D. Wort nefeš in d. Bibel '20; WEStaples, The 'Soul' in the OT: Am. Journ. of Sem. Lang. and Lit. 44, '28, 145-76; FBarth, La notion Paulinienne de ψυχή: RThPh 44, '11, 316-36; ChGuignebert, RHPhr 9, '29, 428-50; NHSnaith, Life After Death: Interpretation 1, '47, 309-25; essays by OCullmann, HAWolfson, WJaeger, HJCadbury in Immortality and Resurrection, ed. KStendahl, '65, 9-53; G Dautzenberg, Sein Leben Bewahren, '66 (gospels); R Jewett, Paul's Anthropological Terms, '71, 334-57.—G Bertram et al., TW IX, 604-67, ψυχή and cognates. M-M. B. 1087.**

믿음의말씀사 출판물

구입문의 : 031-8005-5483　http://faithbook.kr

■ 케네스 해긴의 「믿음 도서관」 책들
- 새로운 탄생
- 재정 분야의 순종
- 나는 지옥에 갔다 왔습니다
- 하나님의 처방약
- 더 좋은 언약
- 예수의 보배로운 피
- 하나님을 탓하지 마십시오
- 네 주장을 변론하라
- 셀 모임에서 성령인도 받기
- 안수
- 치유를 유지하는 법
- 사랑은 결코 실패하지 않습니다
- 하나님께서 내게 가르쳐 주신 형통의 계시
- 왜 능력 아래 쓰러지는가?
- 다가오는 회복
- 잊어버리는 법을 배우기
- 위대한 세 단어
- 하나님의 은사와 부르심
- 그 이름은 "놀라우신 분"
- 우리에게 속한 것을 알기
- 성령을 받는 성경적인 방법
- 하나님의 영광
- 은혜 안에서의 성장을 방해하는 다섯 가지
- 사랑 가운데 걷는 법
- 바울의 계시: 화해의 복음
- 당신은 당신이 말하는 것을 가질 수 있습니다
- 그리스도 안에서
- 말
- 방언기도의 능력을 풀어 놓으라
- 옳은 사고방식 틀린 사고방식
- 속량 – 가난, 질병, 영적 죽음에서 값 주고 되사다
- 네 염려를 주께 맡겨라
- 예언을 분별하는 일곱 단계
- 절망적인 상황을 반전시키기
- 당신의 믿음을 풀어 놓는 법
- 진짜 믿음
- 믿음이란 무엇인가
- 그리스도께서 지금 하고 계시는 일
- 충분하고도 넘치는 하나님 엘 샤다이
- 금식에 관한 상식
- 하나님의 말씀 : 모든 것을 고치는 치료제
- 가족을 섬기는 법
- 조에
- 당신이 알아야 하는 신유에 관한 일곱 가지 원리
- 여성에 관한 질문들
- 인간의 세 가지 본성
- 몸의 치유와 속죄
- 크게 성장하는 믿음
- 하나님 가족의 특권
- 기도의 기술
- 나는 환상을 믿습니다
- 병을 고치는 하나님의 말씀
- 영적 성장
- 신선한 기름부음
- 믿음이 흔들리고 패배한 것 같을 때 승리를 얻는 법
- 믿음의 선한 싸움을 싸우는 법
- 하나님의 계획과 목적과 추구
- 예수 열린 문
- 믿음의 계단
- 당신을 향한 하나님의 계획
- 역사하는 기도
- 기름부음의 이해
- 내주하시는 성령 임하시는 성령
- 재정적인 번영에 대한 성경적 열쇠들
- 어떻게 하나님의 영으로 인도받을 수 있는가?
- 마이더스 터치
- 치유의 기름부음
- 그리스도의 선물
- 방언
- 믿는 자의 권세(생애기념판)
- 믿음의 양식
- 승리하는 교회

■ E. W. 케년
- 십자가에서 보좌까지 무슨 일이 일어났는가?
- 두 가지 의
- 놀라우신 그 이름 예수
- 하나님 아버지와 그분의 가족
- 나의 신분증
- 두 가지 생명
- 새로운 종류의 사랑
- 그분의 임재 안에서
- 속량의 관점에서 본 성경
- 두 가지 지식
- 피의 언약
- 숨은 사람
- 두 가지 믿음
- 새로운 피조물의 실재

■ 스미스 위글스워스
- 스미스 위글스워스의 천국
- 스미스 위글스워스의 매일묵상
- 위글스워스는 이렇게 했다
- 스미스 위글스워스의 능력의 비밀

■ T. L. 오스본
- 행동하는 신자들
- 기적 – 하나님 사랑의 증거
- 새롭게 시작하는 기적 인생
- 좋은 인생
- 성경적인 치유
- 능력으로 역사하는 메시지
- 100개의 신유 진리
- 24 기도 원리 7 기도 우선순위
- 하나님의 큰 그림
- 긍정적 욕망의 힘
- 당신은 하나님의 최고의 작품입니다

■ 잔 오스틴
- 믿음의 말씀 고백기도집
- 하나님의 사랑의 흐름
- 견고한 진 무너뜨리기
- 초자연적인 흐름을 따르는 법
- 당신의 운명을 바꿀 수 있습니다
- 어떻게 하나님의 능력을 풀어놓을 수 있는가?

■ 크리스 오야킬로메
- 여기서 머물지 말라
- 이제 당신이 거듭났으니
- 당신의 인생을 재창조하라
- 이 마차에 함께 타라
- 그리스도 안에 있는 당신의 권리
- 성령님과 당신
- 성령님이 당신 안에서 행하실 일곱 가지
- 성령님이 당신을 위해 행하실 일곱 가지
- 기적을 받고 유지하는 법
- 하나님께서 당신을 방문하실 때
- 올바른 방식으로 기도하기
- 당신의 믿음을 역사하게 하는 법
- 끝없이 샘솟는 기쁨
- 기름과 겉옷
- 약속의 땅
- 하나님의 일곱 영
- 예언
- 시온의 문
- 하늘에서 온 치유
- 효과적으로 기도하는 법
- 어떤 질병도 없이
- 주제별 말씀의 실재
- 마음의 능력

■ 앤드류 워맥
- 당신은 이미 가졌습니다
- 은혜와 믿음의 균형 안에 사는 삶
- 하나님의 참된 본성
- 하나님은 당신이 건강하기 원하십니다
- 영·혼·몸
- 전쟁은 끝났습니다
- 믿는 자의 권세
- 새로운 당신과 성령님
- 노력 없이 오는 변화
- 하나님의 충만함 안에 거하는 열쇠
- 더 좋은 기도 방법 한 가지
- 재정의 청지기 직분
- 하나님을 제한하지 마라
- 하나님의 뜻을 발견하고 따라가며 성취하라
- 하나님의 참 본성

■ 기타 「믿음의 말씀」 설교자들
- 성령의 삶 능력의 삶
- 복을 취하는 법
- 주는 자에게 복이 되는 선물
- 믿음으로 사는 삶
- 붉은 줄의 기적
- 당신이 말한 대로 얻게 됩니다
- 예수-치유의 길 건강의 능력
- 성령 안의 내 능력
- 믿음과 고백
- 임재 중심 교회
- 성령충만한 그리스도인의 지침서
- 열정과 끈기
- 제자 만들기
- 어떻게 교회를 배가하는가
- 운명
- 모든 사람을 위한 치유
- 회복된 통치권
- 그렇지 않습니다
- 당신의 자녀를 리더로 훈련하라

■ 김진호·최순애
- 왕과 제사장
- 새로운 피조물의 실재
- 믿음의 반석
- 새 언약의 기도
- 새로운 피조물 고백기도집(한글판/한영대조판)
- 성령 인도
- 복음의 신조
- 존중하는 삶
- 성경의 세 가지 접근
- 말씀 묵상과 고백
- 그리스도의 교리
- 영혼 구원
- 새로운 피조물
- 믿음의 말씀 운동의 뿌리
- 1인 기업가 마인드